Anja Senser

Aura-Soma

Heilen mit Licht und Farben

Innere Blockaden lösen, die eigene Persönlichkeit entdecken

Heilende Energien nützen

Südwest

Inhalt

Aura-Soma hilft innere Spannungen zu lösen.

Aura-Soma-Öle können eine harmonisierende Wirkung in Räumen hervorrufen.

Vorwort

Aura-Soma besteht aus Elementen, die uns die Natur zur Verfügung stellt – Pflanzenfarben, pflanzliche Öle, ätherische Öle, Wasser, Pflanzenessenzen und Edelsteinenergien. Die einzelnen Substanzen kannten schon die alten Kulturen in Ägypten, China und Griechenland als Heilmittel. Eine Kombination in dieser Form ist neuartig. Die englische Apothekerin Vicky Wall mischte im Jahre 1983 in ihrem Labor jene Öle, die uns heute in ihrer Ästhetik und farbigen Brillanz faszinieren.

Sie entwickelte mit der Zeit ein umfassendes System aus Ölen, Pomandern und Quintessenzen, das nach ihrem Tod im Jahre 1991 von ihrem Nachfolger Mike Booth weitergeführt wurde und wird. So wächst Aura-Soma immer weiter, und es werden immer neue Öle »geboren«. Bis jetzt gibt es 95 Aura-Soma-Öle. Aura-Soma wirkt ganzheitlich harmonisierend auf Körper (grch.: soma), Geist und Seele (lat.: aura – das, was den Körper umgibt, seine besondere Ausstrahlung).

»Wir sind die Farben, die wir wählen«

Durch die individuelle Farbauswahl aus den verschiedenen Aura-Soma-Substanzen können Sie sich besser kennenlernen. Ihr Potential und Ihre Fähigkeiten werden Ihnen bewußtgemacht, ebenso wie eventuelle Hindernisse, die dem vollen Ausdruck Ihrer Persönlichkeit entgegenwirken. Sie können Ihre gegenwärtige Situation klarer einschätzen und lernen, jene Möglichkeiten zu erkennen, die Ihnen in Zukunft weiterhelfen.

Dieser Ratgeber soll Ihnen einen leichten Einstieg in das Aura-Soma-System ermöglichen. Mit den Ölen kombinierte Anwendungen aus den Bereichen Körper- und Fußreflexzonenmassage, Gymnastik, Atemarbeit, Entspannung und

Die britische Pharmazeutin Vicky Wall »erfand« die Farbtherapie Aura-Soma. Bei den Rezepturen der verschiedenen Substanzen folgte sie ihren inneren Impulsen sowie ihrer Intuition, die sie dazu befähigte, mit jener inneren Dimension zu kommunizieren.

Affirmation helfen Ihnen, ganzheitlich gesund zu bleiben. In unserer immer schnellebiger gewordenen Welt wird es für den einzelnen immer wichtiger, durch vorbeugende Maßnahmen Krankheiten gar nicht erst entstehen zu lassen. Gezielte Arbeit an den inneren Blockaden und Störfaktoren leistet hierzu einen wertvollen Beitrag.

Für eine Aura-Soma-Behandlung brauchen Sie täglich nur wenig Zeit. Einige Minuten am Morgen vor dem Start in den Tag und am Abend vor dem Einschlafen sind völlig ausreichend. Ihr individuelles Programm können Sie sich anhand dieses Ratgebers zusammenstellen. Einen noch tieferen Einblick in Ihre innere Welt erlangen Sie durch ein Gespräch mit einem speziell ausgebildeten Aura-Soma-Berater.

Jetzt lade ich Sie ein zu einer Reise durch die Farben des Regenbogens, in das Land der Düfte und Kristalle!

Entwickelt wurde diese den Körper, Geist und die Seele harmonisierende Heilmethode Anfang der achtziger Jahre.

Die Behandlung mit Kristallen spielt auch in der Farbtherapie eine bedeutende Rolle. Da Edelsteine eine klare Molekülstruktur aufweisen, kann man mit ihrer Hilfe ein sehr reines Farblicht erzeugen.

5

Aura-Soma-Öle werden aus verschiedenen Pflanzenessenzen gewonnen.

Die Kirlian- oder Hochspannungsfotografie ermöglicht, elektromagnetische Felder im Körper sichtbar zu machen. Auf diese Weise können beispielsweise die energetischen Felder einer Hand visualisiert werden.

Das Aura-Soma-System

Unser Körper ist vielschichtig aufgebaut. Der physische Körper aus Knochen, Muskeln, Bindegewebe, Organen und Haut ist uns am vertrautesten. Er wird umgeben von einem elektromagnetischen Feld, das durch die Kirlianfotografie sichtbar gemacht werden kann. Nach jahrtausendealten Erkenntnissen gibt es im Körper sieben Hauptenergiezentren, in Indien Chakren genannt, deren harmonische Ausrichtung für unser Wohlbefinden von großer Bedeutung ist. Darüber hinaus gibt es noch tiefere, feinstofflichere Bereiche der Seele, des Geistes, deren Balance wichtig ist, damit wir uns glücklicher und erfüllt fühlen.

Die Aura-Soma-Öle

Jeder Flascheninhalt besteht zu 50 Prozent aus einer Ölmischung und zu 50 Prozent aus einer Wassermixtur. Da Öl aufgrund seines geringeren spezifischen Gewichts auf Wasser schwimmt, setzt sich die Ölmischung vom Wasser ab. Dem Öl, dessen Basis rein pflanzlich ist, wird eine Mischung aus ätherischen Ölen beigefügt, und auch das verwendete Quellwasser ist mit Pflanzenessenzen versetzt. Diese Öl-Wasser-Kombination, eine Verbindung, die als sehr hautpflegend gilt, wird durch kräftiges Schütteln vermengt und setzt sich bei Nichtgebrauch wieder in zwei verschiedenfarbige Lagen ab.

In beiden Teilen sind Pflanzenfarben enthalten. Dabei harmonieren die ätherischen Öle und die Pflanzenessenzen mit der Wirkung der Farben. Eine weitere Steigerung ihres Effekts erfahren die Aura-Soma-Öle durch die Energien von

Die farbigen Aura-Soma-Substanzen besitzen jeweils unterschiedliche Charakteristika. Wählt man intuitiv eine bestimmte Farbe aus, zeigt diese über ihre besondere Beschaffenheit auch ein Stück der Seele und der Persönlichkeit des jeweiligen Menschen.

Kristallen. Jeder Edelstein, jedes Kristall und jedes Mineral hat eine eigene Farbe. Diese bewirkt, daß die Steine, mögen sie auch noch so hart sein, eigene Schwingungen besitzen, welche man Kristallenergien nennt. Schon die heilige Hildegard von Bingen, die sich im 12. Jahrhundert intensiv mit der Naturheilkunde auseinandersetzte, beschrieb die heilende Wirkung von Edelsteinen. So bezog die Benediktinerin in ihre ganzheitliche Betrachtung des Menschen nicht nur Heilkräuter, Speisen und Getränke ein, sondern auch die Kraft der Mineralien. Diese Energien werden den Aura-Soma-Ölen nach alten kabbalistischen (Kabbala = hebr.: Überlieferung, Name der jüdischen Mystik) Gesetzen zugeführt. Das Aura-Soma-Öl wird mit der linken Hand in der Höhe zwischen Herz und Kehlkopf geschüttelt und dann auf spezielle Hautbereiche aufgetragen. Durch die Haut wirkt es auf physischer Ebene und entfaltet weiter über die Lymphbahnen im Organismus seine harmonisierende, heilende Kraft. Durch das Schütteln übertragen wir einen Teil unserer Person ins Öl.

Die Pomander

Mit Hilfe der Aura-Soma-Substanzen kann man sich die Sprache der Farben regelrecht einverleiben. Denn Pomander, Quintessenzen und Öle sind besonders hautverträglich und verbinden sich darüber auch mit den seelischen und geistigen Anteilen des Menschen.

Pomander bedeutet bei Aura-Soma flüchtige, duftende farbige Substanz. Diese wird auf die Handflächen geträufelt und anschließend ins elektromagnetische Feld der Haut eingefächelt, welches man häufig als Aura bezeichnet. Vicky Wall unterschied von dieser äußeren Ausstrahlung die innere Aura, unseren Seelenkern. Die Farben unserer inneren Ausstrahlung sind jene, zu denen wir uns intuitiv hingezogen fühlen.

Die Grundlage für alle Pomander bildet eine Mischung aus 49 Pflanzen und Kräutern. Das Mischungsverhältnis dieser Auszüge untereinander variiert je nach Farbbetonung; z.B. tritt beim gelben Pomander die Zitronennote deutlich hervor. Jeder der bisher bekannten 14 Pomander kann mit jedem der Aura-Soma-Öle kombiniert werden. Ihre Wirkungen auf den unterschiedlichen Ebenen der äußeren und inneren Aura ergänzen sich gegenseitig. Die Pomander können aber auch allein angewendet werden.

Die Quintessenzen

Die Quintessenzen sind ähnlich flüchtige, duftende Substanzen wie die Pomander und bestehen ebenfalls aus 49 Pflanzen- und Kräuterauszügen. Sie unterstützen noch tiefer die Wirkung auf unsere Seelenebene. Bei der Wahl Ihrer persönlichen Quintessenz sollten Sie sich genügend Zeit lassen: Der Duft sollte Ihnen bei der Riechprobe sehr angenehm sein

Die Schwingungen der Moleküle von Edelsteinen und deren verschiedene Farben beeinflussen ebenso wie die unterschiedlich gefärbten Aura-Soma-Substanzen Organe und Psyche des Menschen.

und Ihnen sozusagen sehr zu Herzen gehen. Aura-Soma-Berater überlassen die letzte Entscheidung immer der Nase und dem individuellen Empfinden des Klienten. Quintessenzen sind die Begleiter für die Arbeit an der inneren Aura und auch bei Meditation sehr beliebt. Die Substanzen können allein, aber auch mit jedem Pomander und jedem Aura-Soma-Öl kombiniert angewendet werden.

Kombination mit anderen Therapieformen

Aura-Soma harmoniert sowohl mit körperlich als auch mit geistig orientierten Behandlungsarten. Bei physischen Symptomen kann es nicht Ihren Arzt oder Heilpraktiker ersetzen und bei psychischen Erkrankungen auf keinen Fall den fachkundigen Psychotherapeuten. Sinnvoll ist in jedem Fall, den Therapeuten, bei dem Sie momentan in Behandlung sind, über Ihre persönliche Aura-Soma-Beratung bzw. Ihre Arbeit mit Aura-Soma-Substanzen am Körper zu informieren.

»Wir sind die Farben, die wir wählen« (Vicky Wall).

Die Aura-Soma-Farbauswahl

Die Aura-Soma-Beratung

In der persönlichen Beratung werden Sie im Geiste auf die Reise zu einer einsamen Insel geschickt und dürfen zu diesem Zweck aus 94 farbigen Aura-Soma-Ölen jene vier auswählen, die Sie als »Proviant« mitnehmen würden. Nach Vicky Walls Erkenntnis »Wir sind die Farben, die wir wählen« geben Sie durch die Wahl Ihrer Öle ein sehr persönliches Bild von sich ab. Die Aufgabe Ihrer Beraterin oder Ihres Beraters besteht nun darin, Ihnen dieses Bild, das die ausgesuchten Öle vermitteln, in Worte zu übersetzen.

Die Farben, die ein Mensch in sich trägt und von denen er sich angezogen fühlt, sagen, so die Begründerin von Aura-Soma, Vicky Wall, Wesentliches über ihn aus. Außerdem verraten sie, was für einen Menschen gerade besonders wichtig ist.

Folgende Faktoren werden beleuchtet

- **Erste Flasche**
Ihr Potential; Ihre ins Leben mitgebrachten Fähigkeiten; Ihre Lebensaufgaben; Ihre Sehnsüchte auf mentaler, emotionaler und physischer Ebene

- **Zweite Flasche**
Ihre persönlichen Barrieren; Muster, in die Sie immer wieder verfallen, und die Sie daran hindern, Ihre Persönlichkeit ganz zu entfalten; Blockaden auf mentaler, emotionaler und physischer Ebene; blockierte Chakren

- **Dritte Flasche**
Ihre gegenwärtige Situation auf allen Ebenen

- **Vierte Flasche**
Zukünftige Möglichkeiten, die – nicht zu verwechseln mit »Voraussagen« – von Ihnen in dem Maße ergriffen werden können, wie Sie Ihre Hindernisse beseitigt haben

In der Beratung erfahren Sie außerdem, mit welchem Ihrer vier Öle Sie die Anwendungen am Körper beginnen, welcher Pomander und welche Quintessenez Sie dabei zusätzlich unterstützen können. Vicky Wall betonte immer wieder, daß es sich bei Aura-Soma um eine »nicht eingreifende Seelentherapie« handelt. Dies bedeutet, daß der letztendliche Impuls, mit welchem der vier ausgewählten Aura-Soma-Öle der Klient beginnen möchte, von seinem Empfinden und seinen Geruchsvorlieben bestimmt wird. Genauso verfährt er bei der Wahl seines Pomanders und seiner Quintessenz. Der Schwerpunkt dieser Eigenbehandlung liegt jedenfalls darin, überhaupt einmal den Weg durch die zweite Flasche zu beschreiten: sich den eigenen Blockaden zu stellen und sie aufzulösen.

Innere Sperren abbauen

Gelingt die Arbeit an den eigenen Blockaden, so kann man sein Potential voll ausleben (erste Flasche) und seine zukünftigen Möglichkeiten offen annehmen (vierte Flasche). Gleich mit der ersten Flasche zu beginnen ist deshalb nicht sinnvoll. Wenn Sperren sich nicht allein durch die Anwendung der Öle auflösen, suchen Sie sich einen Therapeuten oder eine Therapeutin, um gemeinsam mit Elementen aus der Gesprächs-, Gestalt- oder Psychotherapie sowie mit körperbezogenen Behandlungsansätzen die Blockaden greifbarer werden zu lassen und sie an dem Punkt aufzulösen, an dem sie ehemals gesetzt wurden.

Der Klient entscheidet eigenverantwortlich über die Dauer der Anwendung. Es empfiehlt sich, nach einer Aura-Soma-Beratung die hierbei erstellten schriftlichen Unterlagen noch einmal durchzusehen oder die Tonaufnahme noch mehrmals abzuhören. Sie verstärken die Wirkung außerdem dadurch, daß Sie hin und wieder vor Ihren vier farbigen Ölen, die von einer Lampe beleuchtet werden, meditieren.

In den Aura-Soma-Heilungssitzungen geht es nicht in erster Linie darum, ein bestimmtes Symptom zu behandeln. Durch die Übertragung von Energie sollen vielmehr die Selbstheilungskräfte des Betroffenen angeregt werden.

Für den Erfolg einer Aura-Soma-Beratung ist es außerordentlich wichtig, daß Sie bei der Auswahl die Öle direkt vor sich stehen haben. Entscheidungen über einen Katalog zu fällen empfiehlt sich nicht.

Ändert sich die Auswahl der vier Flaschen aus den insgesamt 94 Aura-Soma-Ölen im Laufe der Zeit? Durchaus, wobei die Grundstrukturen ähnlich bleiben, während die Themen der zweiten, dritten und vierten Flasche natürlich wandeln können. Wenn Sie Ihre erste Flasche einmal gefunden haben, werden Sie sie nicht mehr gegen eine andere eintauschen wollen. Interessant ist es auf jeden Fall, sich nach einiger Zeit erneut beraten zu lassen.

Der Chakren-Selbsttest

Der Begriff »Chakra« kommt aus dem Indischen und bedeutet wörtlich übersetzt Rad. In der Zeichnung sieht es aus wie eine Spirale, die nach innen verläuft. Damit wird die Energieaufnahme des Chakras versinnbildlicht.

Am Ende einer Aura-Soma-Beratung wissen Sie Bescheid über die Blockaden in Ihren Energiezentren, den Chakren. Diese haben unterschiedliche Schwingungsfrequenzen, welche unterschiedliche Bereiche in unserem Körper definieren und regeln. Ihr Zustand ist verantwortlich für unser körperliches und seelisches Gleichgewicht.

Sie können den Chakren-Selbsttest zusätzlich zu Ihrer Beratung machen oder gleich zum praktischen Teil des Buches übergehen. Er enthält Anwendungsbeispiele zum Lösen dieser Blockaden. Dazu tragen Sie Ihr persönliches Öl, mit dem Sie an sich arbeiten möchten, nach Anweisung auf und verwenden zusätzlich die passende Chakra-Flasche des Chakras, das Sie bearbeiten wollen, wenn diese Ihnen von der Farbe her zusagt. Dasselbe gilt für die den Chakren zugeordneten Pomander, die Ihnen vom Duft her angenehm sein sollten.

Die Energiezentrentests

Am Ende einer Aura-Soma-Beratung sind Sie über mögliche Blockaden in Ihren Energiezentren informiert. Um sich selbst jedoch noch genauer und intensiver kennenzulernen,

können Sie zusätzlich die Tests in diesem Ratgeber durchführen. Sie befinden sich zu Beginn der jeweiligen Kapitel
über die einzelnen Energiezentren. Verwenden Sie das in der
Beratung auf Sie abgestimmte Öl nach Anweisung Ihres
Aura-Soma-Beraters. Darüber hinaus erweist es sich als sinnvoll, mit den Übungen und Substanzen desjenigen Energie-
zentrums zu arbeiten, das sich am meisten blockiert zeigt.

Wenn Sie den Zugang zu Aura-Soma ohne Beratung finden
wollen, führen Sie zuerst die in diesem Ratgeber farbig her-
vorgehobenen Energiezentrentests durch. Das Chakra, bei
dem Sie die meisten Japunkte verzeichnen, ist am stärksten
blockiert. Mit diesem Bereich beginnen Sie zu arbeiten. Sollten Sie gleichviel Punkte in zwei Zentren haben, fangen Sie
mit dem Chakra an, das Ihnen vom Gefühl her vorrangig
erscheint. Die dazu passenden Substanzen entnehmen Sie
dem jeweiligen Kapitel. Achten Sie bitte darauf, daß Sie ausschließlich Farben und Düfte für sich verwenden, die Ihnen
von der Optik und vom Duft her wirklich angenehm sind.

*Blau über Pink ist die
Flasche Nr. 20 im Set der 95
Aura-Soma-Öle. Sie heißt
Sternenkind und wird für
Kinder empfohlen, um in
akuten Situationen de-
ren Selbstheilungskräfte
anzuregen.*

13

Das Aura-Soma-Öl symbolisiert Ihren Lebenssinn und Ihre Lebensaufgabe. Der einfarbige Pomander hat eine harmonisierende Wirkung auf die Energiebereiche.

Anwendung

Aura-Soma-Öl, Pomander und Quintessenz

Reihenfolge der Anwendung

Wenn Sie mit einer Aura-Soma-Behandlung beginnen möchten, so empfiehlt sich für den Einstieg die Anwendung des Aura-Soma-Öls. Massieren Sie es morgens und abends nach dem Duschen in Ihre Haut ein. Im Anschluß daran nehmen Sie den Pomander und zuletzt die Quintessenz. Alle drei Substanzen wirken auf verschiedenen Ebenen und unterstützen sich gegenseitig.

Jede kann außerdem auch für sich verwendet werden. Pomander und Quintessenzen wirken zwei bis drei Stunden lang. Sie können sie über den Tag verteilt jederzeit erneut auftragen. Nehmen Sie sich für die jeweilige Pomander- und Quintessenzübung Zeit, so daß Sie mit einer inneren Ruhe und Konzentration die jeweilige meditative Übung durchführen können.

Anwendung der Aura-Soma-Öle

Vor dem Auftragen auf die Hand schütteln Sie das von Ihnen gewählte Aura-Soma-Öl, damit sich aus dem Wasser und dem abgesetzten Öl eine Emulsion bildet. Bewegen Sie es nur mit Ihrer linken Hand – denn die linke Seite entspricht der körpereigenen Intuition – und vor Ihrer Thymusdrüse – also zwischen Herz- und Kehlkopfzentrum – die für Abwehrkräfte zuständig ist. Während der Schüttelbewegung halten Sie die geöffnete Flasche mit einem Griff fest, der der kabbalistischen Lehre entstammt.

Wenn Sie Ihr Öl verwenden wollen, so konzentrieren Sie sich ganz auf das Schütteln und das Einreiben in die Haut. Sie intensivieren dadurch die Wirkung.

Bei diesem Griff entspricht jeder Finger einem Element. Die fünf Grundelemente – Erde, Wasser, Feuer, Luft und Äther – sind Bestandteile eines jeden Menschen und gelten als lebenswichtig. Befinden sie sich im Ungleichgewicht, so wird der Mensch krank. Bei der menschlichen Hand entspricht der Daumen dem Äther, der Zeigefinger der Luft, der Mittelfinger dem Feuer, der Ringfinger dem Wasser und der abgespreizte kleine Finger der Erde. Durch das Schütteln verleihen Sie dem Öl vor seiner Verwendung Ihre persönliche innere Schwingung. Deshalb sollte auch kein anderer außer Ihnen die Flasche bewegen.

Wenn ich beispielsweise bei einer Massage ein individuell abgestimmtes Aura-Soma-Öl verwende, berühre ich meinen Patienten mit der linken Hand und schüttle das Öl mit der rechten, um ihn letztlich nicht mit meiner, sondern seiner eigenen Schwingung zu behandeln.

Schütteln Sie Ihr Öl mit voller Konzentration. Versuchen Sie dabei, sich nach oben zu verbinden und das göttliche Licht um uns herum und in der Substanz wahrzunehmen. Bei diesem Vorgang schließen Sie sich an Ihr bedeutungsvolles, inneres Wissen an, das unabhängig davon existiert, ob Sie einer Religionsgemeinschaft angehören oder einer bestimmten Lebensanschauung anhängen.

Beschäftigt man sich mit Aura-Soma und verwendet man die entsprechenden Substanzen, so nimmt man seine Sensibilität und seine innere Stimme bald verstärkt wahr.

Nach dem Schütteln geben Sie in Ihre rechte Handfläche etwas von der Emulsion, verteilen diese dann zwischen Ihrer linken und rechten Hand und massieren sie in Form eines Gürtels rund um das betreffende Energiezentrum ein. Beim Solarplexus beispielsweise reiben Sie es rund um den Körper in Höhe des Chakras ein. Tragen Sie das Aura-Soma-Öl zweimal täglich auf, ohne vorher Cremes oder andere kosmetische Substanzen benutzt zu haben.

Der richtige Zeitraum

Im Arbeitsteil dieses Buches erkläre ich die jeweilige Auftragungsweise zu den einzelnen Chakra-Flaschen. Zu den verschiedenen anderen Aura-Soma-Ölen, die Sie in einer Beratung auswählen können, weiß Ihr Aura-Soma-Berater Näheres und kann Sie ausführlich informieren.

Setzen Sie die pflanzengefärbten Öle übrigens nicht der direkten Sonnenbestrahlung aus, da diese ihre Wirksamkeit beeinträchtigt.

Sie sollten so lange bei Ihrem Aura-Soma-Öl bleiben, bis sich die entsprechenden Blockaden gelöst haben oder sich an der jeweiligen Themastellung, die mit dieser Substanz verbunden ist, etwas geändert hat. Natürlich können Sie auch jederzeit aufhören, wenn Sie Ihr Öl nicht mehr als angenehm empfinden oder Ihre Haut aus irgendeinem Grund gereizt reagiert. Sobald Sie jedoch das Gefühl haben, Sie haben genügend innere Wirkung erzielt, gehen Sie über zum nächsten Öl, das Sie in Ihrer Aura-Soma-Beratung thematisieren.

Die untere Schicht eines Aura-Soma-Öls besteht aus in einem Spezialverfahren gereinigten Wasser. Hinzugefügt werden Auszüge aus dem wäßrigen Teil von Kräutern. Die Grundlage für die obere Schicht bildet ein pflanzliches Trägeröl.

Sollten Sie Aura-Soma für sich allein praktizieren, so verwenden Sie das nächstfolgende Energiezentrumsöl, das Ihrem Testergebnis in diesem Buch entspricht. Vielleicht ist Ihre Arbeit mit Aura-Soma jedoch auch schon beendet. Sollten noch immer Blockaden in einem oder mehreren Energiezentren bestehen, suchen Sie einen Therapeuten auf, der mit Ihnen in die Tiefe arbeitet, um diese zu lösen. Während der Behandlungszeit wenden Sie Ihr Aura-Soma-Öl weiter an.

Die individuell bestimmte Auswahl

Wählen Sie Ihre Öle immer persönlich und eigenverantwortlich aus. Lassen Sie sich in diesem Punkt auch nicht von gutgemeinten Ratschlägen und Tips anderer beeinflussen und ebensowenig von Ihrem Verstandeswissen, frei nach dem Motto »Gegen jenes Symptom hilft dieses Öl«. Das Besondere an Aura-Soma sind schließlich das eigene Erkennen der Wurzeln eines Symptoms und die Arbeit an diesen Wurzeln, Mustern und Blockaden, die es zu lösen gilt. Die Behandlung bereitet außerdem Freude und Zufriedenheit. Denn es ist vor allem ein sinnliches Erlebnis, sich mit den wohlriechenden, farbigen Ölen zu behandeln.

Anwendung des Pomanders

Aura-Soma geht davon aus, daß bestimmte Bereiche des Körpers bestimmten Farben zugeordnet sind: Der Mensch wird wie ein Regenbogen wahrgenommen.

Sie geben drei Tropfen des Pomanders auf Ihre linke Handfläche und verreiben sie anschließend zwischen beiden Handflächen. Dabei stehen Sie aufrecht, die Beine ungefähr hüftbreit gegrätscht und die Arme über den Kopf gestreckt. Spüren Sie jetzt ganz bewußt die Inhaltsstoffe Ihres Pomanders auf Ihren Handflächen: seine 49 Pflanzenextrakte, seine Pflanzenfarbe und seine Edelsteinenergien. Stellen Sie sich vor, Sie lassen farbiges Licht aus Ihrer linken Handfläche herausströmen. Dieses kreist einmal rund um die Erde, fließt wieder in Ihre rechte Handfläche hinein und kommt schließlich zu Ihrem Herzen zurück. Wiederholen Sie diesen Vorgang. Danach halten Sie Ihre zusammengelegten Handflächen über Ihr Scheitelzentrum und stellen sich vor, daß Sie das Licht durch Ihren Körper rieseln lassen, so als ob Sie unter einer Lichtdusche stünden.

Nun fächeln Sie den Pomander, genauso wie man sich Luft zufächelt, mit kleinen Bewegungen Ihrer Handflächen in Ihre Energiezentren ein. Lassen Sie dabei für ein paar Momente völlig los, entspannen und konzentrieren Sie sich ganz auf diesen Vorgang. Beginnen Sie mit Ihrem Scheitelzentrum, gehen Sie dann langsam über in den Nackenbereich, danach seitlich in die Schläfengegend und anschließend von vorne in Ihr Stirnzentrum. Daraufhin gehen Sie mit den Fächelbewegungen vorne am Oberkörper hinunter und verweilen kurz vor jedem Energiezentrum (Kehlkopf-, Herz-, Solarplexus-, Sakral- und Basiszentrum). Nun beugen

Die Pomanderübung:
In der Ausgangsstellung
(oben links) konzentrieren
Sie sich auf die Farbe des
Pomanders, dann
empfangen Sie die
Lichtdusche (oben rechts)
und fächeln nun
konzentriert den Pomander
ein (unten links). Führen
Sie Ihre Hände zur Erde,
und schenken Sie dieser
etwas von dem Pomander
(unten rechts).

Sie sich locker nach vorne, bis Ihre Hände den Boden berühren – lassen Sie dabei die Knie leicht gebeugt (Achtung: Bitte beugen Sie sich nur so weit nach vorne über, wie es Ihnen mühelos möglich ist!), und schenken Sie der Erde in Gedanken etwas vom Pomander. Danach kommen Sie langsam wieder in die Senkrechte, nehmen jetzt Ihre Handflächen vor die Nase und atmen ganz tief den Duft ein. Zum Abschluß fächeln Sie noch eine Spur des Pomanders über Ihren Rücken.

Anwendung der Quintessenz

Geben Sie drei Tropfen der Quintessenz auf Ihr linkes Handgelenk, und verreiben Sie die Substanz anschließend um das linke sowie das rechte Handgelenk. Sie stehen dabei in derselben Haltung wie bei der Anwendung des Pomanders – die Beine ungefähr hüftbreit gegrätscht, den Rücken in aufrechter Haltung und die Arme über dem Kopf.

Spüren Sie nun die Inhaltsstoffe der Quintessenz auf Ihren Handgelenken, und geben Sie in Gedanken davon etwas ab in die Welt hinein. Danach fächeln Sie die Quintessenz mit großen Flügelbewegungen ein, indem Sie Ihre Arme von außen nach innen kreuzen und wieder öffnen und sich dabei vorneüber immer mit denselben Bewegungen bis zum Boden beugen. Sie schenken der Erde in Gedanken etwas von der Quintessenz, kommen danach langsam, die Arme umeinanderdrehend – so als wollten Sie etwas aufwickeln – wieder nach oben und strecken die Handflächen nach oben. Jetzt fühlen Sie sich in den Himmel ausgerichtet und gleichzeitig fest verwurzelt in der Erde. Zum Abschluß halten Sie Ihre Handgelenke vor die Nase und atmen ganz tief den Duft Ihrer Quintessenz ein.

Reinigung von Aura-Soma-Ölen

Sollte einmal eine andere Person Ihr persönliches Öl geschüttelt haben, oder Sie selbst haben das Gefühl, Ihr Aura-Soma-Öl braucht eine innere Reinigung, so gibt es verschiedene Methoden. Folgende lernte ich während meiner Ausbildung zur Aura-Soma-Beraterin kennen:

1. Sie stellen Ihr Öl über Nacht in eine Amethystdruse. Diese natürlich gewachsene Höhle aus Amethysten ist in Mineralienfachgeschäften erhältlich.
2. Sie betten die Ölflasche 36 Stunden in Meersalz.
3. Sie reiben Ihre Ölflasche mit der stark reinigenden Quintessenz Serapis Bey ab.

> Während die Pomander auf elektromagnetische Körperfelder einwirken, also auf die feinstofflichen körpernahen Bereiche, dringt die Energie der Quintessenzen in die feinstofflichen Bereiche ein, die weiter vom Körper entfernt sind.

Anwendung der Quintessenz:
In der Ausgangsstellung (oben links) empfinden Sie tiefe Entspannung. Dann kreuzen Sie Ihre Arme von außen nach innen (oben rechts) und öffnen sie wieder (unten links). Zum Schluß strecken Sie die Handflächen nach oben, wie um Himmel und Erde zu verbinden (unten rechts).

4. Sie reinigen Ihr Öl auf mentale Weise, indem Sie es, wie gewohnt, mit dem kabbalistischen Griff halten. Beim Einatmen denken Sie klar und intensiv den Satz »Ich reinige und kläre dieses Öl« –, und beim Ausatmen schicken Sie diesen Gedanken über Ihre Hand in die Ölflasche. Nehmen Sie sich Zeit für diese Reinigungsform.

Wählen Sie von den hier genannten Methoden diejenige aus, die Ihnen am meisten zusagt.

Die Reise durch den Regenbogen

Jedem Abschnitt Ihres Körpers kann eine bestimmte Farbe zugeordnet werden. Die Sprache der Farben aus der Sicht von Aura-Soma weicht teilweise von der anderer farbtherapeutischer Systeme ab, doch steht sie weitestgehend im Einklang mit der hinduistischen Lehre von den Chakren.

Wir fühlen uns erst dann gesund und wohl, wenn alle Chakren voll geöffnet sind. In diesem Zustand kann die Energie ungehindert von einem Zentrum zum nächsten fließen, so daß weder ein Energiestau noch ein Energiemangel in einem der Zentren besteht. Wenn alle Chakren harmonisch zusammenarbeiten, tritt jenes Körpergefühl ein, das die Aura-Soma-Begründerin Vicky Wall mit »Kopf im Himmel, Füße auf der Erde, Herz frei« bezeichnete. Dabei sieht Aura-Soma diese Bereiche weniger als radförmige Energiezentren innerhalb des Körpers, sondern betrachtet den Menschen mehr als von Kopf bis Fuß mit den Farben des Regenbogens versehen. Diese wiederum beziehen sich auf den körperlichen Bereich ebenso wie auf den seelischen.

Die Werte, die aus der Sicht von Aura-Soma den einzelnen Farben zugeschrieben werden, entstammen der Erfahrung des Menschen, seiner Kultur und seines kollektiven Bewußtseins.

Fußreflexzonenmassage

Die Fußreflexzonologie ist ebenso wie die Akupunktur ein wichtiger Bestandteil der traditionellen chinesischen Medizin. Schon vor 5000 Jahren wurden diese Techniken in China angewandt. Die Ärzte bezahlte man damals nur so lange, wie die ihnen anvertraute Person auch gesund blieb; wer krank wurde, mußte von seinen Ärzten finanziell unterstützt werden. Verständlich, daß diese sehr daran interessiert waren, Krankheiten vorzubeugen bzw. sie in einem Frühstadium zu erkennen und sorgfältig auszuheilen.

Die heutige Fußreflexzonenmassage geht auf die amerikanische Masseurin E. Ingham zurück, die diese Behandlungsform Mitte der dreißiger Jahre entwickelte. Sie bezog sich dabei auf die Therapieansätze von Dr. William Fitzgerald, der sich bereits um die Jahrhundertwende mit der Druckbehandlung spezifischer Hautoberflächenpunkte befaßte.

Heute setzt sich angesichts der Kostenexplosion des Gesundheitswesens langsam wieder die Erkenntnis durch, daß die Vorbeugung von Krankheiten den besseren und kostengünstigeren Weg der medizinischen Behandlung darstellt.

Die Funktionsweise

Bei der Fußreflexzonenbehandlung erhält der Therapeut mittels genauer Beobachtung und Abtastens verschiedener Hautareale wichtige und genaue Hinweise auf Störzonen im Körper des zu Behandelnden, und dies lange bevor sie durch schulmedizinische Methoden nachweisbar sind. Durch deren frühzeitige Feststellung kann er das Organgleichgewicht mittels Fußreflexzonenmasse wiederherstellen, bevor ernsthafte Krankheitssymptome auftreten, die dann möglicherweise medikamentös behandelt werden müßten.

Die Reflexzonenmassage beruht auf der Erkenntnis, daß die inneren Organe des menschlichen Körpers jeweils mit einem spezifischen Teil der Hautoberfläche in Verbindung stehen. Diese Punkte auf der Haut nennt man Reflexzonen. Stimuliert man nun einen solchen Bereich durch Druck, so wird dieser Impuls über das Nervensystem zum Gehirn transpor-

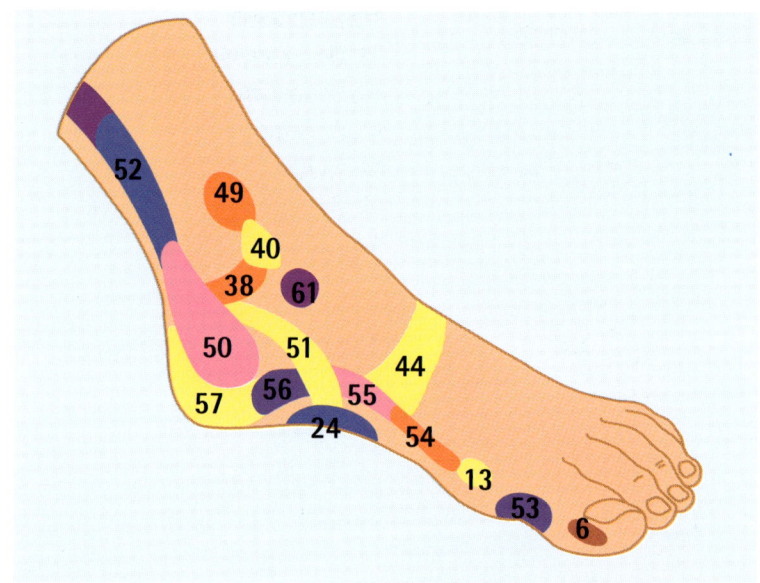

Die Wölbung des Fußes hat eine verblüffende Ähnlichkeit mit der Wirbelsäule. Damit wird die Orientierung am Fuß erleichtert: Die Ferse entspricht in erster Linie den Organen im Unterleib, die Zehen stehen für den Kopfbereich.

Bild oben:

Fußinnenseite

  6. Nase
13. Nebenschilddrüse
24. Harnblase
38. Hüftgelenk
50. Gebärmutter oder Prostata
51. Glied, Scheide, Harnröhre
52. Mastdarm
53. Halswirbelsäule
54. Brustwirbelsäule
55. Lendenwirbelsäule
56. Kreuzbein
57. Steißbein

Bild rechts:

Fußaußenseite

10. Schulter
35. Knie
36. Genitaldrüse
37. Lockerung des Bauches
38. Hüftgelenk
39. Oberkörperlymphdrüse
42. Gleichgewichtsorgan
43. Brust
44. Zwerchfell
58. Steißbein
59. Schulterblätter
60. Ellbögen
61. Rippen
63. Oberarm

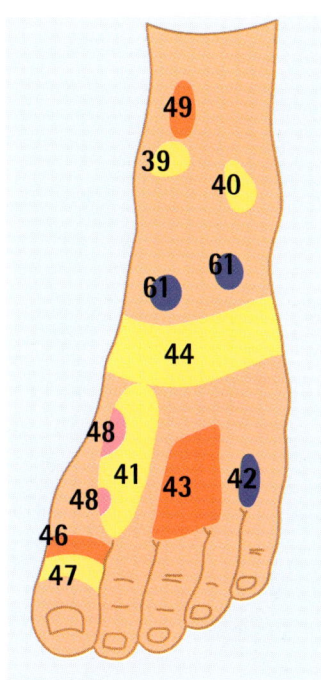

Fußrücken

39. Oberkörperlymphdrüse
40. Bauchlymphdrüse
41. Brustlymphdrüse
42. Gleichgewichtsorgan
43. Brust
44. Zwerchfell
46. Unterkiefer
47. Oberkiefer
48. Kehlkopf und Luftröhre
49. Leistenbeuge
61. Rippen

Massageanleitung:
Nehmen Sie sich Zeit und Ruhe – stellen Sie gegebenenfalls sogar das Telefon leise. Waschen Sie Ihre Füße mit warmem Wasser, und trocknen Sie sie gut ab. Setzen Sie sich bequem hin, und pressen Sie Ihren Daumen mit wenig Druck an den betreffenden Punkt; dann streichen Sie ihn um die Stelle. Verstärken Sie den Druck, und wiederholen Sie die Streichbewegung.

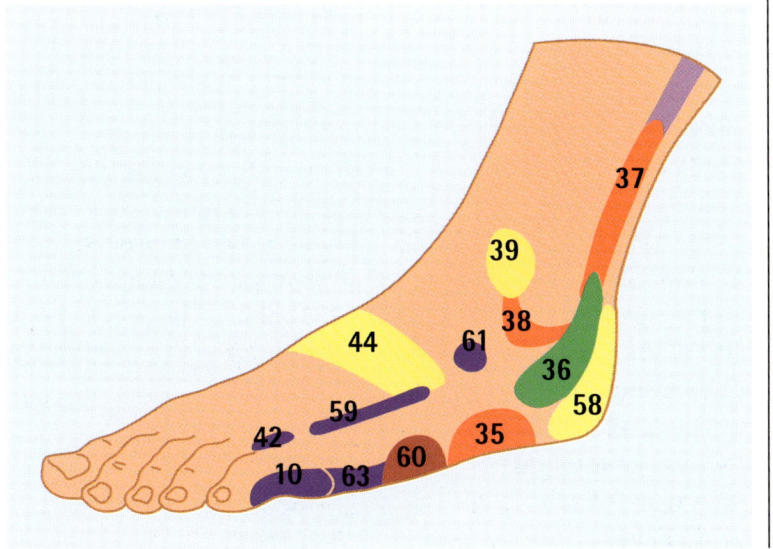

Fußreflexzonenbezeichnung

1. Kopf
2. Nasennebenhöhlen
3. Kleinhirn
4. Hypophyse (Hirnanhangsdrüse)
5. Trigeminus (Schläfe)
6. Nase
7. Nacken
8. Augen
9. Ohren
11. Trapeziusmuskel (Nackenmuskel)
12. Schilddrüse
13. Nebenschilddrüse
14. Lunge und Bronchien
15. Magen
16. Zwölffingerdarm
17. Bauchspeicheldrüse
18. Leber
19. Gallenblase
20. Sonnengeflecht
21. Nebenniere
22. Niere
23. Harnleiter
24. Harnblase
25. Dünndarm
26. Wurmfortsatz (Blinddarm)
27. Blinddarm
28. Aufsteigender Dickdarm
29. Querer Dickdarm
30. Absteigender Dickdarm
31. Mastdarm
32. Anus, Darmausgang
33. Herz
34. Milz
36. Geschlechtsdrüsen
53. Halswirbelsäule

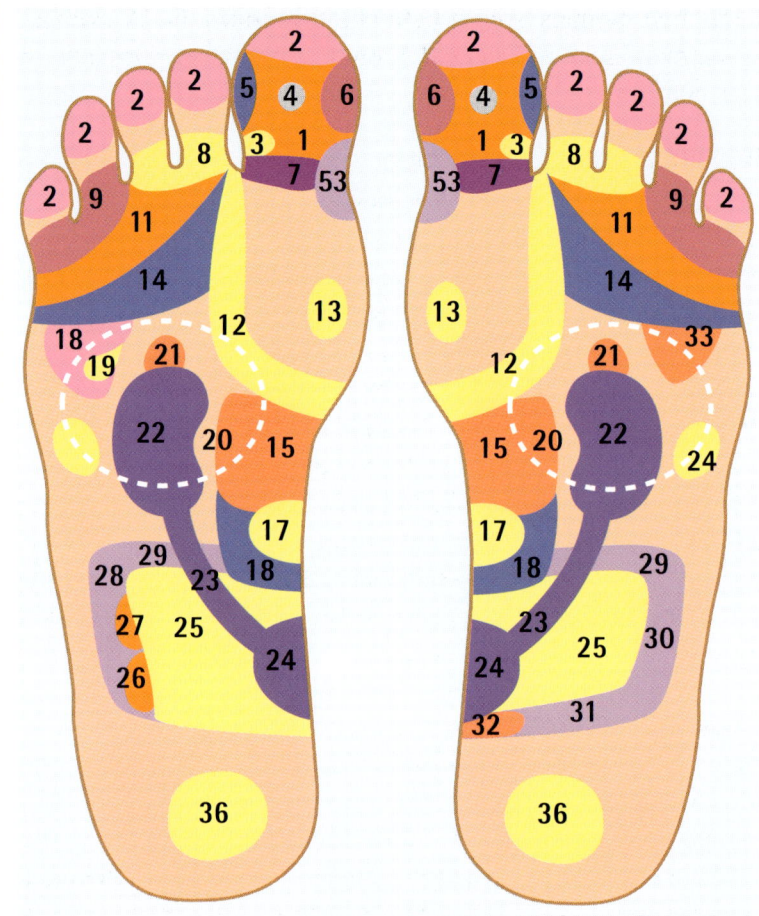

tiert. Dieses reagiert wiederum, indem es das entsprechende Organ »anfunkt«, das durch die Aktivierung intensiver durchblutet wird. Die bessere Durchblutung regt die Funktion des Organs an und bewirkt die Ausscheidung von Ablagerungen und Störelementen.

Zudem wird durch die Massage des Fußes die Harmonisierung des Energiesystems im gesamten Körper angeregt. Das ist deshalb von Bedeutung, weil die chinesische Medizin eine

Krankheit niemals isoliert betrachtet, sondern die Wirkungs-
zusammenhänge zwischen den unterschiedlichen Organen in
den Vordergrund stellt.

Der Energiefluß im Körper

Ein zentraler Aspekt der Fußreflexzonentherapie ist also, daß
sich ein Gesamtorgan auf einer wesentlich kleineren Haut-
fläche widerspiegelt, insbesondere an den Fußsohlen, den
Handflächen und im Ohrbereich. Zur Orientierung entwickelte der Amerikaner Fitzgerald unter Einbeziehung der
chinesischen Akupressurlehre bereits Anfang des Jahrhun-
derts ein Modell, das den Körper in zehn Längs- und drei
Querzonen aufteilt. Diese Aufteilung findet ihre Entspre-
chung auf der Fußsohle: Auf dem Zonenstrahl, der durch die
große Zehe läuft, liegen demzufolge die Organe, die sich
auch im Zentrum des Körpers befinden. Wenn Sie die Grafi-
ken Seite 24ff. betrachten, sehen Sie z.B. die Lage, die den
Nieren entspricht, nämlich rechts und links vom Zentrum.

Die Fußreflexzonentherapie
kann sowohl beruhigend als
auch kräftigend wirken –
je nach Intensität der
angewandten Griffe oder der
Variation des Massagetempos.
Ziel ist die Wiederherstellung
des normalen
Spannungszustands der
Reflexzonen per »Fern-
wirkung«.

Ziel sind also die Regulation der natürlichen Ordnung innerhalb des Körpers und die Harmonisierung der Lebensenergie
in einer Art Fließgleichgewicht. Im Mittelpunkt der Druck-
punktmassage stehen daher die sogenannten Meridiane, die
Energiebahnen des Körpers, die wie ein Netz über die
gesamte Körperoberfläche verteilt sind und miteinander in
Verbindung stehen. Es ist wissenschaftlich belegt, daß in diesen Bereichen besondere energetische Zustände herrschen,
da die Leitfähigkeit der Haut hier höher ist als in anderen
Regionen. Stimuliert man nun bestimmte Punkte dieser
Energiebahnen, wird die Information der Energieaktivierung
über die Meridiane an andere Körperregionen oder -organe
weitergeleitet. Im Prinzip funktionieren diese Meridiane
ähnlich wie Telefonleitungen, über die man Nachrichten an
entfernter liegende Orte weitergeben kann.

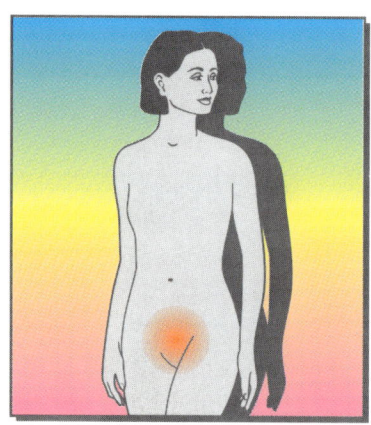

Symbol für das Gefühl der Erdung und Verwurzelung – das Basiszentrum.

Ein Mensch, der sich durch die Farbe Rot des Basiszentrums repräsentiert fühlt, ist insgesamt stabil und scheint vor Beeinträchtigungen durch äußere Einflüsse geschützt zu sein.

Das Basiszentrum

Das Basis- oder Wurzelzentrum reguliert auf der rein körperlichen Ebene den Blutaufbau und die Zellregeneration.

Testen Sie Ihr Basiszentrum

1. Fühlen Sie sich kraftlos und müde?

2. Frieren Sie häufig?

3. Leiden Sie unter Geldmangel, oder haben Sie Angst davor?

4. Ist Ihr Grundvertrauen ins Leben erschüttert, oder leiden Sie unter Zukunftsangst?

5. Fällt es Ihnen schwer, Gefühle wie Aggression oder Leidenschaft unmittelbar auszudrücken?

6. Fühlen Sie sich in Ihrem Sexualleben kraft- und lustlos?

7. Kennen Sie das Gefühl des »Abgehobenseins«, und sind Sie wenig in der Erde verwurzelt?

8. Haben Sie viele Ideen im Kopf, jedoch Probleme, diese in die Realität umzusetzen?

9. Fühlen Sie sich schutzlos?

10. Sind Sie schüchtern und unsicher, wenn Sie mit einer Idee nach außen gehen sollen?

11. Neigen Sie zu Unterleibsproblemen, zu Schmerzen während der Periode oder zu Prostatabeschwerden?

Seine Energie wirkt sich auf unsere Sexualität und unsere grundlegenden Überlebensbedürfnisse aus. Arbeitet Ihr Basiszentrum harmonisch, so fühlen Sie sich gut verwurzelt und geerdet. Sie verfügen dabei über genügend Energie und Vitalität und besitzen ein Urvertrauen ins Leben an sich. Sie betätigen sich gerne körperlich und leben Ihre Sexualität aus. Tiefe Gefühle auszudrücken fällt Ihnen leicht. Sie besitzen die praktische Begabung, Ideen in die Tat umzusetzen, und auch die dazu nötige Durchsetzungsfähigkeit. Materielle Dinge haben für Sie weder einen über- noch einen untergeordneten Stellenwert. Ihr Körper ist immer gut durchwärmt, und Ihre Unterleibsorgane (Gebärmutter, Eierstöcke oder Prostata) sind in Ordnung. Sie fühlen sich geschützt und sicher, denn Sie stehen mit beiden Beinen im Leben.

Ist das Basiszentrum disharmonisch, dann erliegt der Mensch leichter Suchtgefahren. Die Farbe Rot ist die Farbe des Lebens und der Vitalität.

Die Aura-Soma-Öle Rot über Rot, die Farbe des Lebens (B6), sowie Gelb über Rot (B5) sind dem Basiszentrum zugeordnet. Wählen Sie das Öl aus, das Ihnen von der Farbe her mehr zusagt.

Entspannen Sie Ihr Basiszentrum durch eine Tiefenmeditation vor einem Sonnenuntergang.

Massage des Basiszentrums

Bei einer Massage ist es wichtig, die Hände auf der zu massierenden Stelle ruhen zu lassen. Spüren Sie die Energie, die von Ihren Händen ausgehen kann.

Nachdem Sie Ihr Aura-Soma-Öl mit der linken Hand (siehe Seite 14) geschüttelt haben, tragen Sie es gürtelförmig in Höhe des Kreuzbeins rund um Ihren Unterleib auf. Danach massieren Sie Ihr Kreuzbein kreisförmig mit der Handfläche. Je mehr Druck Sie ausüben und je schneller Sie kreisen, desto mehr Wärme erzeugen Sie – manchmal zusätzlich zur Wirkung der Öle, die bereits für sich wärmend wirken. Diese Massagetechnik namens Höllenfeuer ist empfehlenswert bei Verspannungen im Kreuzbein, im Wirbelsäulenbereich, bei schmerzhafter Menstruation und bei Kältegefühlen in der Beckenregion. Am Ende der Behandlung legen Sie Ihre linke Handfläche vorne auf den Unterleib und Ihre rechte Handfläche von hinten auf das Kreuzbein. Atmen Sie nun tief hinunter bis zu Ihren Händen.

Fußreflexzonenmassage für das Basiszentrum

Verteilen Sie gleichmäßig das Öl auf beiden Fußsohlen, und massieren Sie es mit kreisenden Bewegungen in der Mitte der Fußsohle ein. Dann streichen Sie mit dem Daumen mehrere Male von der Mitte aus in Richtung Ferse – das regt die Nierentätigkeit an. Streichen Sie diagonal zum Innenfuß, so wird der Harnleiter aktiviert und am äußersten Ende des Innenfußes die Blase. Massieren Sie dann weiter um beide Fußknöchel und dann noch zwischen Knöcheln und Ferse. Sie regen damit die Tätigkeit Ihrer Unterleibsorgane an.

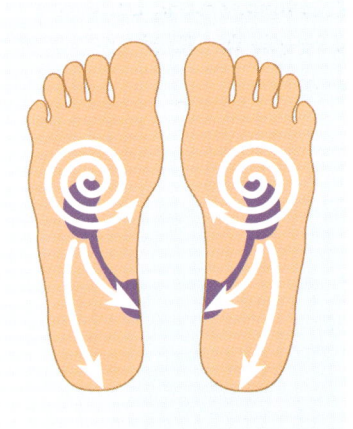

Systematisch und kontinuierlich durchgeführt, wirkt die Fußreflexzonenmassage für das Basiszentrum harmonisierend auf die Organe des Unterleibs.

Körperübungen für das Basiszentrum

Zifferblattübung

Ausgangsstellung: Rückenlage mit angewinkelten und aufgestellten Beinen. Stellen Sie sich vor, unter Ihrem Kreuzbeinbereich ist eine Uhr: Die zwölf zeigt zum oberen Rücken hin und die Sechs zum Steißbein. Drücken Sie nun mit Ihrem

Kreuzbein abwechselnd gegen die Zahlen Zwölf und Sechs. Sie gehen also zuerst ins Hohlkreuz, während Sie bei der nächsten Bewegung den unteren Rücken flach auf dem Boden liegen haben. Diese Bewegung versuchen Sie ebenfalls zur Seite hin – den Ziffern Drei und Neun entsprechend. Diese seitliche Bewegung fällt geringer aus. Nun setzen Sie beide Bewegungen zusammen und beschreiben mit Ihrem Becken einen Kreis »rund ums Zifferblatt« in beide Richtungen. Dabei atmen Sie immer gleichmäßig und bewegen sich nur so weit, wie es Ihr Körper mühelos zuläßt.

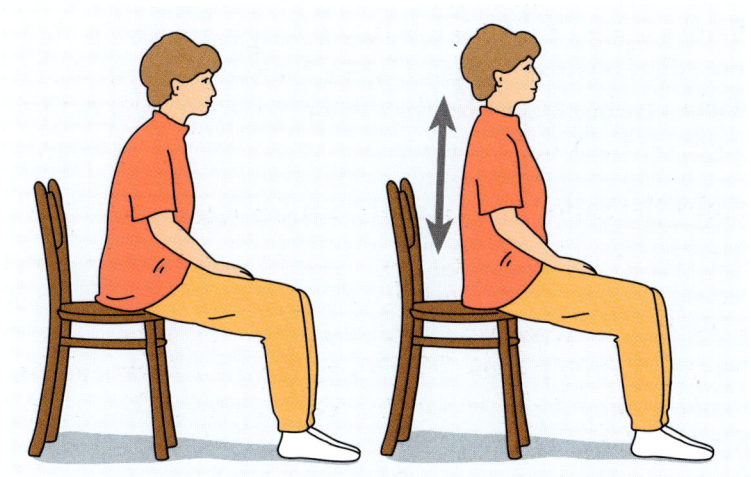

Diese runde Rückenhaltung, die in der Krankengymnastik als Belastungshaltung bezeichnet wird, ist häufig Ursache für Rückenbeschwerden.

Aufrechte Haltung im Sitzen
Auch die Haltung Ihres Beckenbereiches ist wichtig für den Energiefluß im Basiszentrum. Setzen Sie sich auf einen harten Stuhl. Spüren Sie Ihre Sitzbeinhöcker, und rollen Sie Ihr Becken vor und zurück.
Schieben Sie es nach vorne, so richtet sich die gesamte Wirbelsäule gerade auf; gehen Sie damit zurück, wird der Rücken rund. Konzentrieren Sie sich auf das Gefühl, wenn Sie Ihr Becken ganz aufrichten.

Der Pomanderübung schließt sich, wenn man möchte, die Anwendung der entsprechenden Quintessenz an.

Die tiefrote Quintessenz The Christ

Verwenden Sie die Quintessenz The Christ, die eine schützende und stärkende Wirkung hat. Die Schwingung der roten Quintessenz entspricht der Frequenz der bedingungslosen Liebe. Verwenden Sie die Substanz nur, wenn Ihnen der Duft angenehm ist.

Atemübung für das Basiszentrum

Sie beginnen die Atemübungen entweder mit der Anwendung des dunkelroten oder des roten Pomanders.

Nach Abschluß dieser Übung bleiben Sie bequem mit geschlossenen Augen stehen. Ihre Arme hängen locker herab. Gehen Sie nun in Ihrer Vorstellung hinunter bis zu Ihren Füßen, und atmen Sie warmrote Luft aus, bis in die Fußsohlen hinein. Dabei spüren Sie Ihre Fußsohlen ganz bewußt und lassen ihnen in Gedanken Wurzeln bis tief hinein in die Erde wachsen – so tief, bis sie die Erdwärme wahrnehmen können. Nun nehmen Sie mit jedem Einatmen tiefrote, vitalisierende Erdenergie durch Ihre Wurzeln und Ihre Fußsohlen auf, leiten diese ins Herzzentrum und geben danach das wunderschöne Rot mit jedem Ausatmen ab an die Atmosphäre. Verweilen Sie einige Zeit in diesem Rhythmus. Wenn Sie genug Basisenergie getankt haben, öffnen Sie langsam die Augen und spüren die Kraft, die Ihnen diese Übung verliehen hat.

Entspannungsübung für das Basiszentrum

Betrachten Sie das Foto zu Beginn dieses Kapitels (siehe Seite 29) intensiv, und geben Sie sich dazu einige Tropfen des roten Pomanders direkt unter die Nase. Nehmen Sie konzentriert die warmen Farbtöne der untergehenden Sonne wahr. Idealerweise führen Sie die Übung vor einem wirklichen Sonnenuntergang in der Natur durch.

Sie legen sich dann bequem auf den Rücken, decken sich warm zu, lassen alle Muskeln locker und entspannen sich. Sie sehen den Sonnenuntergang vor Ihrem inneren Auge, atmen das warme Orangerot in Ihren Körper ein und bis hinunter ins Becken. Sie füllen Ihr Becken und Ihre Beine mit dem orangeroten Licht der untergehenden Sonne, bis Sie sich ganz warm und völlig entspannt fühlen. Nun stellen Sie sich ein Holzfeuer mit lodernden Flammen vor. In Gedanken schreiben Sie Ihre Sorgen und Ängste, die Sie loslassen möchten, auf kleine Zettelchen. Diese geben Sie in jenes innere Feuer. Sie fahren so lange damit fort, bis kein sorgenbelasteter Gedanke mehr in Ihnen auftaucht. Genießen Sie die Kraft des Feuers, und spüren Sie seine Lebendigkeit und Wärme in Ihrem Körper, solange Sie sich dabei wohl fühlen. Dann fühlen Sie wieder bewußt Ihren Körper und die Unterlage, auf der Sie liegen. Räkeln und strecken Sie sich, und kommen Sie wieder ganz zurück.

Affirmation und Alltagstips für das Basiszentrum

Affirmationen sind kurze, prägnante Sätze, die Sie – in Gedanken oder laut ausgesprochen – mehrmals täglich wiederholen sollten, z. B.:

»Ich habe Vertrauen ins Leben und setze mühelos meine Ideen in die Tat um. Ich bin voller Energie.«

Sie können die Sätze auch noch konkreter formulieren, indem Sie Ihre momentanen persönlichen Ziele zur Sprache bringen.

Als besonders wirkungsvoll für tiefergelegene und unbewußte seelische Schichten erweisen sich Affirmationen, wenn man sie am Morgen nach dem Erwachen und am Abend vor dem Einschlafen ausspricht.

Wichtig ist die Formulierung als Tatsache in der Gegenwart. Beispiel: »Ich habe Erfolg.« Nicht: »Ich werde Erfolg haben.«

Tips für den Alltag

- Hören Sie erdende rhythmische Musik: Trommelmusik aus Afrika, schamanistische Klänge, Indianergesänge.
- Gehen Sie in die Sauna, und führen Sie dort in der Wärme die Entspannungsübung für das Basiszentrum fort.
- Tragen Sie rote Kleidung oder rote Unterwäsche, und hüllen Sie sich gemütlich in eine rote flauschige Decke.
- Essen Sie öfter rote Nahrungsmittel, z. B. rote Bete, rote Paprika, Tomaten, rote Beeren.
- Kaufen Sie sich einen Strauß rote Blumen.

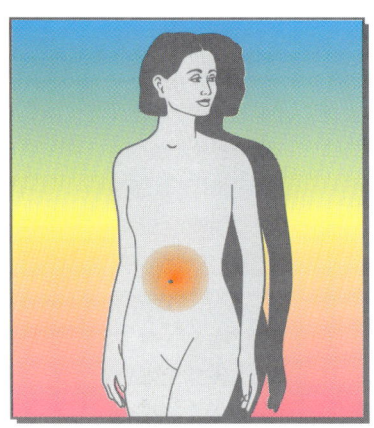

Das zweite Chakra ist für die Durch- und Ausleitung körperlicher und seelischer Stoffe verantwortlich.

Ist ein Mensch von der Farbe Orange fasziniert, zeugt dies von tiefer Weisheit und Lebenskenntnis. Er fühlt sich sicher und strahlt Vertrauenswürdigkeit aus.

Das Sakralzentrum

Das Sakralzentrum reguliert den Durchfluß der körpereigenen Flüssigkeiten und wirkt so auf Blut- und Lymphkreislauf.

Testen Sie Ihr Sakralzentrum

1. Fühlen Sie sich häufig so unter Streß, daß Sie Ihre Sexualität nicht genießen können?

2. Ist Ihnen überschäumende Lebensfreude fremd geworden?

3. Fühlen Sie sich innerlich eher unterkühlt oder freudlos?

4. Wurden Sie jemals sexuell mißbraucht?

5. Erlitten Sie einen tiefen Schock in Ihrer Kindheit?

6. Gab es für Sie in letzter Zeit ein Schockerlebnis?

7. Hatten Sie einen Unfall, den Sie innerlich noch nicht verarbeitet haben?

8. Fühlen Sie sich unattraktiv und abhängig vom Urteil Ihrer Umgebung?

9. Trauen Sie sich nicht so recht, Gedanken und Gefühle aus dem Bauch spontan zuzulassen?

10. Haben Sie Angst, Ihre Wünsche nach Zärtlichkeit konkret zu äußern, oder leiden Sie darunter, daß Sie dazu zur Zeit keine Gelegenheit haben?

11. Neigen Sie zu Nieren- und Blasenbeschwerden?

Ist Ihr Sakral- oder Ihr zweites Zentrum gut ausbalanciert und ausgeglichen, so strahlen Sie Lebensfreude und Lebenslust aus. Dieses Chakra ist für den Fluß aller Körpersäfte verantwortlich und hat auch auf den Verdauungsbereich maßgeblichen Einfluß. Ist es in Harmonie, so ist der Mensch in der Lage, seine geistigen Kräfte positiv einzusetzen. Gerät es aus dem Gleichgewicht, so kann der Mensch zu Verbitterung neigen und sogar verhärmt erscheinen.

Ein funktionierendes Sakralzentrum gibt Ihnen dagegen das Gefühl, attraktiv zu sein und Lebensfreude zu empfinden. Außerdem haben Sie die Fähigkeit, spontan und flexibel auf andere Menschen zu reagieren, und sind begeisterungsfähig. Ihre Bewegungen sind ausgeglichen. Nieren und Blase funktionieren problemlos.

Der dem Sakralzentrum zugeordnete Farbbereich ist Orange. Diese Farbe ist warm und positiv. Das Rot darin steht für die Persönlichkeit, das Gelb für Intelligenz.

Das Aura-Soma-Öl Orange über Orange (B 26) ist dem Sakralzentrum zugeordnet.

Ihr Sakralzentrum können Sie harmonisieren, indem Sie vor dem Bild eines Orangenhains oder in einem wirklichen Garten mit Orangenbäumen meditieren.

Massage des Sakralzentrums

Nachdem Sie Ihr Öl mit der linken Hand (siehe Seite 14) geschüttelt haben, tragen Sie es unterhalb des Bauchnabels rund um Ihren Unterleib auf.

Um mögliche Schocks – dabei kann es sich um weiter zurückliegende oder aktuelle Ereignisse handeln – zu beheben, empfahl Vicky Wall, die gesamte linke Körperseite mit Orange B 26 zu behandeln. Sie tragen das Öl dabei zuerst auf Ihr linkes Ohrläppchen auf, dann den Hals links hinunter, außen am Arm entlang bis zur Spitze des kleinen Fingers. Anschließend fahren Sie mit der Hand am Arm innen entlang und wieder hinauf bis in die Achselbeuge, dann an der linken Körperseite und am Bein entlang, hinunter bis zur Spitze Ihres kleinen Zehs.

Fußreflexzonenmassage für das Sakralzentrum

Verteilen Sie gleichmäßig das Öl auf beiden Fußsohlen, und massieren Sie es mit kreisenden Bewegungen in der Mitte der Fußsohle ein. Dann streichen Sie von der Mitte aus in Richtung Ferse. Streichen Sie diagonal zum Innenfuß, so wird der Harnleiter aktiviert und am äußersten Ende des Innenfußes die Blase. Sie können die Nieren noch zusätzlich aktivieren, indem Sie beim Stehen die Zehen fest einkrallen.

Körperübungen für das Sakralzentrum

Beckenbodentraining

Ausgangsstellung: Schneidersitz oder Langsitz, der am Anfang oft einfacher ist. Spüren Sie dabei die Ausdehnung Ihres Beckenbodens zwischen Steißbein, Sitzbeinhöckern und Schambein sowie Ihre Schließmuskeln, die Harnröhre, (bei Frauen) die Vagina und den After.

Stellen Sie sich nun am Beckenboden eine nach unten geöffnete Blüte vor, die Sie mit Hilfe Ihrer Beckenbodenmuskeln stufenweise schließen und hinauf in den Bauch ziehen. Das

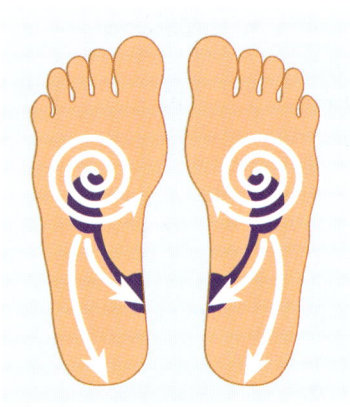

Die Fußreflexzonenmassage für das Sakralzentrum wirkt ebenso wie die des Basiszentrums vor allem auf die Unterleibsorgane.

Gefühl bei dieser Übung ähnelt dem Anhalten des Harndrangs. Atmen Sie während dieses Trainings regelmäßig durch.

Die Übungen für das Sakralzentrum stärken die Beckenbodenmuskulatur und die allgemeine Körperkraft. Beim Beckenbodentraining stellen Sie sich vor, eine große Blüte mit Hilfe Ihrer Beckenbodenmuskeln ins Körperinnere hinaufzuziehen.

Krafttraining

Sie stellen sich frontal vor eine Wand und drücken Ihre Handflächen dagegen, so als wollten Sie diese wegschieben. Verringern Sie den Druck wieder, und vertiefen Sie sich in Ihr zweites Zentrum.

Dabei stellen Sie sich intensiv die Farbe Orange vor. Anschließend gehen Sie etwas in die Knie und drücken noch einmal fest mit den Händen gegen die Wand. Atmen Sie bei dem Vorgang tief in Ihr Becken hinunter. Spüren Sie den Kraftzuwachs?

Entspannte Bauchmuskulatur

Achten Sie darauf, daß Sie im Alltag Ihren Bauch nicht einziehen oder ihn anderweitig verkrampfen. Sie sollten auch zu enge Kleidungsstücke vermeiden.

Die orange-/apricot-farbenen Quintessenzen Lao Tsu und Kwanyin

---

Sie helfen, weit zurückliegende Schocks zu heilen, und umgeben Sie wie ein wärmender Mantel. Verwenden Sie sie nur, wenn Sie der Geruch anspricht. Damit Sie auch im Schlaf von dem harmonisierenden Duft umgeben sind, träufeln Sie vor dem Zubettgehen ein paar Tropfen auf Ihr Kopfkissen.

Atemübung für das Sakralzentrum

Beginnen Sie die Übung mit der Anwendung des orangefarbenen Pomanders.

Dann bleiben Sie bequem und mit geschlossenen Augen stehen. Ihre Arme hängen locker herab. Sie atmen in Ihrer Vorstellung weiterhin orangefarbene Energie ein und füllen Ihren gesamten Körper damit an. Stellen Sie sich ein Fadenpendel vor mit einem Stein als Gewicht. Das Pendel schwingt langsam hin und her. Versetzen Sie sich in den Stein hinein, und spüren Sie, wie Ihnen einmal bestens und einmal elend zumute ist. Dabei bewegt sich das Pendel immer weiter. Sie jedoch beginnen jetzt, am Faden hinauf in Richtung Drehpunkt zu klettern, und merken dabei, wie sich Ihre Gefühlsschwankungen ständig verringern. Nehmen Sie jetzt einen Ihnen bequemen Punkt auf dem Pendel ein, und erkennen Sie, wie relativ Ihre Gefühle, von einem anderen Blickwinkel aus, doch sind. Sie genießen das Gefühl der Losgelöstheit und spüren ganz tief in Ihrem Inneren Freude am Leben und am Menschsein. Ihr Körperinneres ist ganz mit strahlendem Orange ausgefüllt. Atmen Sie tief ein und aus, und kehren Sie wieder zurück in Ihr Tagesbewußtsein.

Entspannungsübung für das Sakralzentrum

Betrachten Sie konzentriert das Foto mit dem Orangenhain auf Seite 35, und geben Sie einige Tropfen des orangefarbenen Pomanders direkt unter Ihre Nase. Legen Sie sich, mit einer Decke zugedeckt, nun bequem auf den Rücken. Entspannen Sie sich, und spüren Sie die Schwere Ihres Körpers. Sie stehen vor dem weißen Eingangstor eines Orangenhains. Die Sonne scheint am blauen Sommerhimmel. Vogelgezwitscher umgibt Sie und der zarte Duft von Orangen. Sie betreten den Hain und erblicken Orangenbäume mit glänzenden grünen Blättern, kleinen weißen Blüten und glänzenden Früchten. Sie wandern durch den Garten zwischen den Bäumen hindurch und legen sich unter einen Baum, der Ihnen besonders gut gefällt, ins weiche, warme Gras. Über sich sehen Sie die Blätterkrone mit Blüten und duftenden Früchten, durch die die Sonne scheint. Sie haben unendlich viel Zeit, liegen bequem, hören dem Gesang der Vögel zu und spüren den warmen Sommerwind. Irgendwann stehen Sie auf und bummeln weiter durch den Garten, schauen sich dabei die anderen Bäume an und kommen schließlich wieder an das Tor. Mit dem Bewußtsein, daß Sie den Orangenhain jederzeit wieder betreten können, wenn Sie Ruhe und Entspannung suchen, verlassen Sie ihn. Sie gehen weiter, bis Sie wieder Ihren Körper spüren, bewegen Ihre Füße, danach Ihre Hände, strecken sich und kommen wieder ganz zurück.

Affirmation und Alltagstips für das Sakralzentrum

»Ich spüre Lebensfreude in mir und strahle sie aus. Ich bin attraktiv und lebe meine Sexualität mit Freude.«

Der orangefarbene Pomander hilft, vergangenes Wissen oder Informationen wieder hervorzuholen, ohne negative Auswirkungen hervorzurufen.

Tips für den Alltag

- Stellen Sie sich vor den Spiegel, und konzentrieren Sie sich auf etwas, was Sie an sich schön finden, und womit Sie voll und ganz zufrieden sind. Immer, wenn Sie in eine Situation geraten, in der Sie sich unsicher oder unattraktiv fühlen, machen Sie sich diesen positiven Aspekt bewußt.
- Tun Sie einfach das, worauf Sie spontan Lust haben, ohne ein schlechtes Gewissen oder gar Reue zu empfinden.
- Tragen Sie, wenn Ihnen danach ist, auch mal gewagte oder auffällige Kleidung.
- Bevorzugen Sie dabei die Farbe Orange.
- Essen Sie orangefarbene Nahrungsmittel.
- Belohnen Sie sich mit orangefarbenen Blumen.
- Apricot als Einrichtungsfarbe für Wände oder Vorhänge harmonisiert emotional und wirkt wärmend.

*Das Solarplexuszentrum
ist das Kraftzentrum
des Menschen.*

Ein Mensch, der sich mit der
Farbe Gelb identifizieren kann,
besitzt einen klaren Verstand
und eine rasche
Auffassungsgabe. Er ist
unabhängig und bereit, die
Initiative zu ergreifen.

Das Solarplexus-zentrum

Der Solarplexus, auch Nabelzentrum genannt, besteht aus einem sonnenförmigen Nervengeflecht, das als Energieumspannwerk zentrale Bedeutung hat.

Testen Sie Ihr Solarplexuszentrum

1. Fühlen Sie sich unsicher, wenn Sie Ihre Meinung gegenüber Vorgesetzten äußern sollen, oder fehlt es Ihnen gelegentlich an Durchsetzungskraft?

2. Sind Sie häufig zerstreut und vergeßlich?

3. Sind Ihr Verstand und Ihr rationales Denkvermögen die wichtigste Instanz für Sie?

4. Fühlen Sie sich oft interesselos, oder ist Ihnen »alles egal«?

5. Haben Sie Konzentrationsprobleme?

6. Kennen Sie das Gefühl, einen »Kloß im Bauch« zu haben?

7. Fühlt sich Ihr Bauch gespannt, gestreßt oder gebläht an?

8. Haben Sie häufig Angstträume?

9. Leiden Sie unter schlechten Nerven oder sind Sie nervös?

10. Machen Ihnen Magenprobleme, Darmprobleme oder Hautprobleme zu schaffen?

11. Neigen Sie zu Depressionen und Traurigkeit?

Das Solarplexuszentrum ist auf der körperlichen Ebene mit der Bauchspeicheldrüse und damit aufs engste mit den chemischen Prozessen der Nahrungsaufnahme verbunden: Quasi als Umspannwerk leitet es die energetischen Schwingungen der Nahrungsaufnahme an die entsprechenden anderen Energiezentren. Mit einem gut arbeitenden Solarplexuszentrum fühlen Sie sich kräftig sowie nervlich stabil und sind konzentrations- sowie durchsetzungsfähig. Sie sind fröhlich, vielseitig interessiert und wissensdurstig. Ihr Bauch fühlt sich entspannt an. Sie lieben Herausforderungen und kennen die Grenze zwischen Eustreß (positiv anregendem) und Distreß (zuviel und schädigendem). Ihre Haut ist gut durchblutet und schön. Sie lieben die Kraft der Sonne.

Die Schwingungen von Gelb, der Farbe der Intelligenz, wirken sich massiv auf die Gehirntätigkeit aus. Unstimmigkeiten können zu Irritationen im gesamten Nervensystem führen.

Das Aura-Soma-Öl Gelb über Gold (B4) ist dem Solarplexuszentrum zugeordnet.

Eine Meditation vor einem Sonnenblumenfeld kann Störungen des Solarplexuszentrums ausgleichen und langfristig beheben.

Massage des Solarplexuszentrums

Nachdem Sie Ihr Öl mit der linken Hand geschüttelt haben, tragen Sie es oberhalb des Nabels rund um Ihren Körper auf. Dann beginnen Sie mit der Bauchmassage. Noch wirkungsvoller ist diese, wenn Sie Ihr Partner massiert. Achten Sie in diesem Fall darauf, daß er während des Schüttelns (mit der rechten Hand) mit seiner linken Hand Körperkontakt zu Ihnen hält.

Danach kreist man mit der flachen Hand im Uhrzeigersinn in langsam immer größer werdenden Kreisen rund um den Nabel, bis oben der Rippenbogen und unten das Schambein erreicht sind. Zum Abschluß der Massage läßt man die Handfläche auf dem Bauch ruhen und genießt die Wärme und Entspannung.

Fußreflexzonenmassage für das Solarplexuszentrum

Tragen Sie das Öl auf Ihre beiden Fußsohlen auf. Kreisen Sie dann mit Ihrem Daumen in der Mitte der Fußsohle, und streichen Sie anschließend Niere, Harnleiter und Blase aus, um die Ausscheidung von Schlacken anzuregen. Nun bearbeiten Sie die Darmzone sowie Leber und Galle (nur auf der rechten Fußsohle). Die Massage schließen Sie ab mit Niere, Harnleiter und Blase.

Leber- und Gallenreflexpunkte finden Sie, entsprechend der Organlage im Körper, auf der rechten Fußsohle.

Körperübungen für das Solarplexuszentrum

Drehdehnlage

Sie liegen auf dem Rücken, falten Ihre Hände hinter dem Kopf zusammen und stellen die Beine angewinkelt auf, so daß der Lendenwirbelbereich flach auf dem Boden liegt. Nun senken Sie beide Knie zu einer Seite ab, mit dem Oberkörper bleiben Sie weiterhin gerade in Rückenlage. Nun atmen Sie in Ihre gedehnte Seite hinein – solange, wie Ihnen die Lage angenehm ist. Ideal wäre eine Dauer von drei Minuten. Danach gehen Sie mit Ihren Knien zurück in die Ausgangsposition und senken sie dann langsam zur anderen Seite. Atmen Sie in diese Seite hinein.

Mondsichellage

Sie liegen entspannt auf dem Rücken; ziehen Sie die Arme über eine Seite, und versuchen Sie, das Becken und die Beine ebenfalls zu dieser Seite zu ziehen. Atmen Sie in die gedehnte Seite, und wiederholen Sie die Übung zur anderen Seite.

Beide Dehnübungen sind sehr entspannend und gut geeignet, Verkrampfungen im Rücken zu lösen. Achten Sie währenddessen auf eine tiefe, gleichmäßige Atmung.

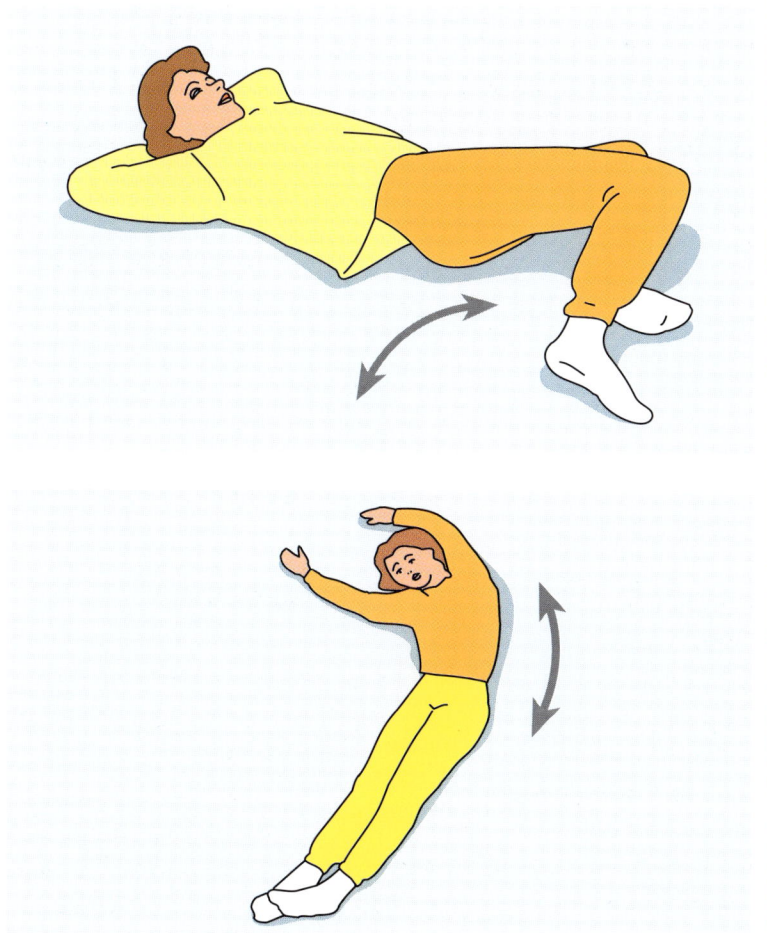

Drehdehnlage

Mondsichellage

**Die sonnengelbe
Quintessenz Kuthumi**

Sie hilft, mit der
Sonnenenergie in Kontakt
zu kommen und sich in
Liebe den Kräften sowie den
Lebewesen der Natur
zu öffnen. Zudem hilft sie,
Zusammenhänge und Hinter-
gründe besser zu verstehen
und zu durchdringen.
Wenn Ihnen der Geruch zusagt,
nehmen Sie Kuthumi mit,
sobald Sie nach draußen
in die Natur gehen.

Atemübung für das Solarplexuszentrum

Beginnen Sie mit dem gelben oder goldfarbenen Pomander, je nachdem, welcher Duft Ihnen mehr zusagt. Optimal für die Übung ist ein Platz draußen in der Sonne. Nach Beendigung bleiben Sie bequem mit geschlossenen Augen stehen und drehen Ihre Handflächen nach oben zur Sonne. Sie spüren den gelben oder goldenen Pomander auf Ihren Handflächen und die echten oder vorgestellten Sonnenstrahlen. Mit jedem Einatmen nehmen Sie die kräftigende Sonnenenergie über Ihre Handflächen in den Körper auf. Sie füllen Ihren Körper von innen mit diesen Strahlen, bis er sich ganz hell und warm anfühlt. Die Wärme dringt in den Bauch, ins Becken, in die Beine und bis hinunter zu den Fußspitzen. Spüren Sie die Stärke und die Kraft der Sonne – und wie Sie selbst Licht ausstrahlen aus Ihrem Solarplexus. Sie kreuzen Ihre Hände mit der rechten Hand oben vor Ihrem Sonnengeflecht und genießen das Gefühl von Wärme, Stabilität und Strahlkraft. Langsam öffnen Sie wieder die Augen.

Entspannungsübung für das Solarplexuszentrum

Betrachten Sie intensiv das Foto mit dem Sonnenblumenfeld auf Seite 41, und geben Sie sich einige Tropfen gelben oder goldfarbenen Pomander direkt unter die Nase. Legen Sie sich dann bequem auf den Rücken unter eine Decke, und drehen Sie Ihre Handflächen in Richtung Himmel.
Sie sehen sich in einem weiten Sonnenblumenfeld liegen, die Sonne über Ihnen scheint warm herab, und Sie tanken sich mit Sonnenstrahlen ganz und gar auf. Sie nehmen die Sonnenstrahlen mit Ihren Handflächen auf, mit Ihrem Stirnzentrum, mit Ihrem Herzzentrum und mit Ihrem Solarplexuszentrum. Sie spüren in Ihrem Solarplexus etwa zwei Finger breit über Ihrem Nabel und etwa zwei Fingerbreit nach innen Ihren Seelenkern. Er funkelt wie ein Diamant. Sie lassen ihn wachsen, strahlen und seine Facetten im Sonnenlicht

funkeln. Sie spüren seine Stärke und seine Kraft, Freude und Dankbarkeit, Wärme, Ausdehnung und Licht. Dabei sagen Sie zu sich selbst: »Ich bin.« Umgeben Sie sich in Ihrer Vorstellung mit einem schützenden Mantel aus gelbem oder goldenem Licht. Sie atmen tief ein und aus, kommen langsam wieder zurück und öffnen die Augen.

Affirmation und Alltagstips für das Solarplexuszentrum

»Ich ruhe in mir, fühle mich kraftvoll und fröhlich. Mein Bauch ist entspannt und warm. Ich liebe die Sonne und die Natur.«

Tips für den Alltag

- Nehmen Sie sich Zeit, einen Sonnenauf- und -untergang zu genießen. Atmen Sie dabei die Sonnenstrahlen in Ihrer Vorstellung direkt in den Solarplexus ein.

- Umgeben Sie sich mit den Farbtönen Gelb und Gold in Ihrer Wohnung. Sie wirken positiv, anregend und konzentrationsfördernd.

- Essen Sie gelbe Nahrungsmittel.

- Tragen Sie gelbe oder goldfarbene Kleidung.

- Betrachten Sie gelbe Blumen wie Sonnenblumen, Narzissen, gelbe Tulpen, Forsythien oder Schlüsselblumen.

- Wenn Sie unter Streß stehen, versuchen Sie folgende Übung: Atmen Sie tief ein, und stellen Sie sich die eingeatmete Luft in Form eines Balles vor, den Sie hinunterschlucken, so daß er in der Höhe des Solarplexus zu liegen kommt. Spüren Sie, wie sich Ihr Oberbauch nach vorne wölbt, und nehmen Sie die angenehme Wärme dabei wahr. Mit dem Ausatmen lassen Sie die angestaute Spannung – vielleicht mit einem Seufzer – los. Wiederholen Sie dies, sooft es Ihnen angenehm ist.

Der sogenannte Seelenkern wurde von Vicky Wall als innere Aura bezeichnet. Dieser Bereich wird durch die erste Flasche symbolisiert. Sie entspricht den mitgebrachten Fähigkeiten und Anlagen, die eine Person bestimmen. In der Astrologie wird die innere Aura im Geburtshoroskop gesehen.

45

Das Herzzentrum

Das vierte Chakra, das Herzzentrum, gilt als der eigentliche Bereich der Liebe und als Regulator des körpereigenen Immunsystems.

Alles, was das Herz im geistig-seelischen Bereich symbolisiert, ist dem vierten Chakra zugeordnet.

Menschen, die sich von der Farbe Grün angezogen fühlen, sind meist Naturliebhaber, innerlich ausgeglichen, großzügig und wirken nach außen eher ruhig.

Testen Sie Ihr Herzzentrum

1. Haben Sie das Gefühl, zuwenig Liebe zu bekommen? Fühlen Sie sich selbst selten oder gar nicht liebenswert?

2. Fühlen Sie sich oft ohne konkreten Grund traurig?

3. Fällt es Ihnen schwer, sich anderen Menschen zu öffnen, Nähe zuzulassen oder eine tiefe Partnerschaft einzugehen?

4. Haben Sie das Gefühl, nur dann geliebt zu werden, wenn Sie sich anpassen, »lieb« sind, und haben Sie diese Erfahrung schon als Kind gemacht?

5. »Menschen mit Herz haben in der heutigen Welt keinen Platz mehr und werden oft ausgenutzt.« Könnte dieser Satz von Ihnen stammen?

6. Werden Sie verlegen, wenn jemand Ihnen etwas Liebes sagt?

7. Mitgefühl und Verständnis – werden diese Qualitäten Ihnen selten entgegengebracht?

8. Stellen Sie sich vor den Spiegel, und schauen Sie sich an. Finden Sie sich nur dann schön, wenn Sie drei Kilo zu- oder abgenommen haben?

9. Kennen Sie ein Spannungsgefühl im Brustkorb, oder können Sie häufig nicht so richtig durchatmen. Neigen Sie dazu, die Luft anzuhalten?

Das Herzzentrum ist eng mit der Thymusdrüse verbunden und unentbehrlich für ein intaktes Abwehrsystem. Es läßt uns aber auch das Schöne und Ausgeglichene in der Natur nachempfinden. Mit einem harmonisch arbeitenden Herzzentrum lieben Sie sich selbst und andere ohne Abhängigkeit und Bedingungen. Problematische Situationen gehen Sie optimistisch an, schließlich gibt es für alles eine Lösung. Sie fühlen sich frei und offen, strahlen Wärme, Herzlichkeit, Ruhe und Ausgeglichenheit aus. Sie besitzen die Fähigkeit, sich einzufühlen und mitzufühlen, ohne mitzuleiden. Sie empfinden große Liebe für die Natur, Pflanzen und Tiere, denn Sie fühlen sich eins im Herzen mit allem, was lebt.

Dem Herzzentrum sind die beruhigenden und ausgleichenden Schwingungen des Grünspektrums zugeordnet. Die Farbe Grün unterstützt die Regeneration bei Erschöpfungszuständen und spendet Lebenskraft.

Das Aura-Soma-Öl Blau über Grün (B3) ist dem Herzzentrum zugeordnet.

Um Ihr körpereigenes Abwehrsystem zu stärken oder um sich innerlich zu regenerieren, empfehlen sich Atemübungen im Freien, am besten unter einem alten Baum.

Massage des Herzzentrums

Nachdem Sie Ihr Öl mit der linken Hand geschüttelt haben, tragen Sie es in Herzhöhe um den gesamten Oberkörper auf. Anschließend lassen Sie beide Handflächen auf Ihrem Brustkorb ruhen und genießen die Wärme. Als Frau umkreisen Sie nun, nachdem Sie noch etwas Herzöl genommen haben, mit flachen Händen zwölfmal Ihre Brüste. Dann klopfen Sie mit den Fingerspitzen den Brustbeinbereich ab und lassen wieder beide Handflächen wärmend auf Ihrem Brustkorb ruhen.

Körperübungen für das Herzzentrum

Entspannung der Schulterblattmuskulatur

Legen Sie sich mit dem Rücken auf eine nicht zu weiche Unterlage auf den Boden. Zwischen jedes Schulterblatt und Wirbelsäule – der Bereich dieser Rückenmuskeln ist häufig verspannt und kann weiterreichende Verspannungen im Nacken und Kopf bewirken – legen Sie ein zusammengerolltes Paar Socken. Sie liegen mit Ihrem gesamten Gewicht auf diesen beiden Puffern und atmen zu den Druckpunkten hin. Nach etwa fünf Minuten entfernen Sie die Socken und spüren anschließend in Rückenlage Ihre wesentlich entspanntere Schulterblattmuskulatur. Dieser Bereich gehört zum Herzzentrum und ist bei vielen Menschen chronisch verspannt. Achten Sie darauf, daß Ihr Kopf locker und bequem aufliegt, daß sich die Nackenmuskulatur also nicht verspannen kann.

Mobilisierung der Brustwirbelsäule

Sie legen sich bequem auf die Seite und stützen Ihren Kopf auf. Nun schieben Sie langsam Ihr Brustbein nach vorne, so daß der obere Rücken hohl wird. Dann geben Sie nach und drücken Ihre Brustwirbelsäule fest zu einem Rundbogen nach hinten. Wechseln Sie diese beiden Bewegungen ab, und das lassen Sie immer fließender und müheloser zu einer Art

Für das Herzzentrum sollten Sie auf keinen Fall die Fußreflexpunkte auf der Fußsohle massieren. Führen Sie anstatt dessen die beschriebenen Körperübungen intensiv und konzentriert durch.

48

Schlängelbewegung werden. Diese Übung dient der Feinmobilisierung der Brustwirbelsäule, die bei den meisten Menschen zu unbeweglich ist. Ihr Herzzentrum profitiert davon.

Dehnübungen für den Rücken

Sie liegen auf dem Rücken. Falten Sie die Hände im Genick zusammen, und drücken Sie Ihre Ellenbogen, soweit möglich, fest gegen den Boden. Achten Sie dabei aber darauf, daß Sie im unteren Rückenbereich nicht ins Hohlkreuz ausweichen. Auf diese Weise dehnen Sie Ihren großen Brustmuskel. Anschließend legen Sie Ihre Arme locker neben den Körper und drücken Ihre Schultergelenke auf die Unterlage. Dabei schieben Sie Ihr Brustbein nach oben und ziehen gleichzeitig Ihre Schulterblätter nach unten in Richtung des Beckens. Der Kopf bleibt ruhig liegen. Ihr Kinn ziehen Sie in Richtung des Brustbeins; dadurch strecken Sie die Nackenmuskulatur und die obere Wirbelsäule. Atmen Sie bei der Übung regelmäßig tief ein und aus.

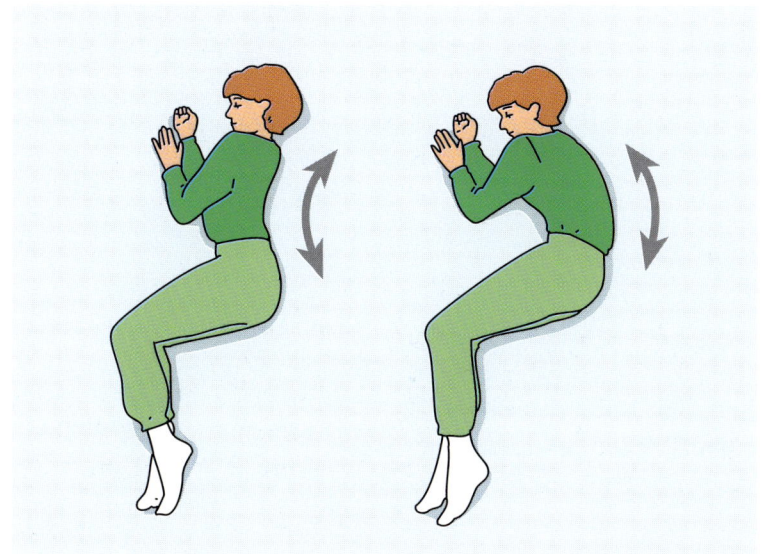

Die Stärkung der Brustwirbelsäule wirkt unterstützend auf die körperlich-seelischen Funktionen des Herzzentrums. Führen Sie daher regelmäßig die entsprechende Übung durch.

Streckübung

Im geraden Stand werden beide Arme gestreckt nach hinten unten geführt, die Hände sind angewinkelt mit nach oben zeigenden Handrücken. Halten Sie die Spannung, so daß Sie vom Brustbein bis in die Fingerspitzen gedehnt sind. Während der Übung tief ein- und ausatmen. Dann die Arme langsam gestreckt anheben, bis sich die Fingerspitzen über dem Kopf treffen. Abschließend die Arme anwinkeln und die Hände auf die Brust legen. Spüren Sie dabei in sich hinein. Die Übung wirkt sich auch positiv auf Ihren Kreislauf aus.

Mit der Streckübung strecken Sie nicht nur Ihre Nackenmuskulatur und Ihre Wirbelsäule. Auch Ihr Kreislauf wird dabei in Schwung gebracht.

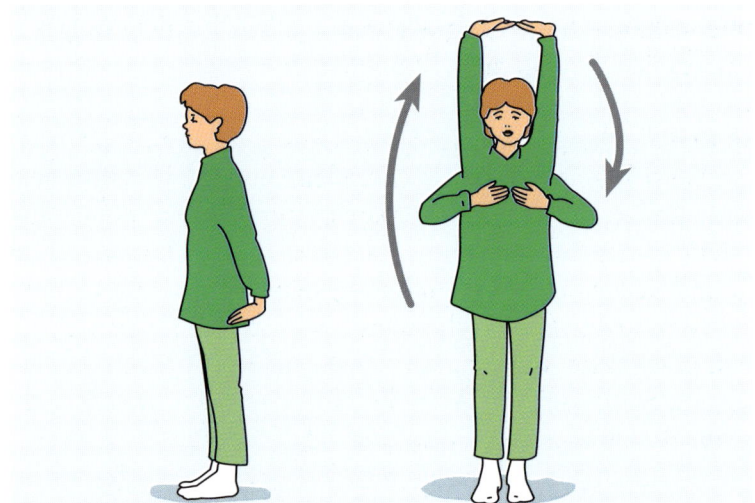

Körperhaltung

Für ein gut funktionierendes Herzzentrum ist die Körperhaltung außerordentlich wichtig. Um Ihre Brustwirbelsäule aufrecht zu halten, sollten Sie im Bereich der Lendenwirbelsäule (siehe Seite 42) bereits Vorarbeit geleistet haben. Denn jeder Wirbelsäulenabschnitt hängt mit dem anderen zusammen. Schieben Sie für die ideale Haltung der Brustwirbelsäule Ihr Brustbein diagonal nach vorne und nach oben. Achten Sie auf diese Haltung beim Gehen und im Stehen.

Atemübung für das Herzzentrum

Sie beginnen mit dem smaragdgrünen oder olivgrünen Pomander (siehe Seite 14). Letzterer wirkt mehr auf den Übergang vom Solarplexuszentrum zum Herzzentrum. Wählen Sie den Duft, der Ihnen mehr zusagt.

Ideal wäre es, sowohl die Pomanderübung als auch die Anwendung der Quintessenz draußen in der Natur, am besten im Wald, durchzuführen. Vicky Walls Tip dazu war: »Go and hug a tree« – »Geh und umarme einen Baum.« Wenn es Ihnen also möglich ist, dann sollten Sie bei der folgenden Übung sitzend oder stehend mit dem Rücken an einem alten, schönen Baum lehnen. Sollte dies nicht möglich sein, stellen Sie sich diese Situation vor.

Spüren Sie den Pulsschlag des Baumes unter der Rinde. Lassen Sie sich hineinsinken. Empfinden Sie seine Wurzeln und seine Krone, die weit in den blauen Himmel hineinragt. Mit jedem Einatmen nehmen Sie die Energie des Baumes über Ihren Rücken in sich auf, und mit jedem Ausatmen geben Sie die verbrauchte Luft mühelos ab. Nun stellen Sie sich Wurzeln unter Ihren Fußsohlen vor, die Sie fest auf der Erde verankern. Sie spüren die Weite Ihres Brustraumes, nehmen das Grün des Baumes und das Blau des Himmels in sich auf. Dabei atmen Sie mehrmals tief die frische Luft durch die Nase bis in die Lungen ein und lassen sie durch Ihren Mund mit einem Sch-Laut wieder hinausströmen. Sie stellen sich Ihren Kopf als Baumkrone vor, die sich weit ausbreitet und mit ihren Blättern das Sonnenlicht aufnimmt. Sie öffnen sich voller Vertrauen nach oben, dem Himmel und der Sonne entgegen, lassen alle Gedanken, die Ihnen noch durch den Kopf gehen, los. Lassen Sie den Alltag weit hinter sich. Danken Sie dem Baum für seine Kraft, und schenken Sie ihm über Ihr Herzzentrum Liebe. Danach lösen Sie sich und kehren zurück.

Die hellgrüne Quintessenz Hilarion und die intensiv grüne Quintessenz Dwal Khul

Hilarion hilft, die eigene Herzwahrheit klarer zu erkennen, und ist eine Entscheidungshilfe. Dwal Khul hilft, das Herz zu öffnen, sowie den eigenen inneren Raum bewußter wahrzunehmen.

Die Meditation vor dem Bild einer Rose entspannt und kann Ihnen dabei helfen, Ihre Liebe zu sich selbst und gegenüber anderen zu stärken.

Entspannungsübung für das Herzzentrum

Betrachten Sie intensiv das Foto mit der Rose (siehe Seite 53), oder stellen Sie sich eine echte rosafarbene Rose auf den Tisch. Geben Sie einige Tropfen des pink Pomanders oder der rosa Quintessenz direkt unter Ihre Nase, und setzen Sie sich aufrecht und bequem auf den Boden oder einen Stuhl. Stellen Sie sich die Rose in einem schönen, sommerlichen, dufterfüllten Rosengarten vor. Vor Ihren Augen wächst sie, bis ihre riesige Blüte über Ihnen schwebt. Sie klettern nun am Blumenstiel hinauf bis in die Blüte hinein. Jetzt stehen Sie inmitten der samtigen rosafarbenen Blütenblätter, Rosenduft umhüllt Sie. Dann gehen Sie zwischen den Blütenblättern hindurch bis in die Mitte der Rosenblüte. Dort finden Sie eine weiche Fläche zum Hinlegen und Ausruhen. Sie lassen sich in die duftenden Blütenblätter tiefer und tiefer hineinsinken. Dabei haben Sie unendlich viel Zeit und verspüren tiefe Ruhe und Frieden. Sie fühlen, wie sich Ihr Herz in Liebe und Zuneigung weit öffnet. Sie empfangen und schenken gleichzeitig Liebe. Sie sind offen und frei. Und Sie werden selbst zu Liebe – bedingungsloser Liebe – und strahlen diese aus in die Welt. Spüren Sie weiter die Stille und den Duft Ihrer Rose. Wenn Sie lange genug geruht haben und sich gänzlich entspannt fühlen, gehen Sie wieder durch die Blütenblätter nach außen und klettern am Stiel hinunter auf den Boden. Ihre Rose beginnt zu schrumpfen, bis sie wieder ihre normale Größe besitzt. Sie verlassen den Rosengarten, räkeln und strecken sich und kommen wieder ganz zurück.

Der rosafarbene Pomander Lady Nada hilft, negative, aggressive Energien in positive zu verwandeln. Er fördert damit eine stimulierende Kommunikation. Wird er bei Meditationen angewendet, so trägt er massiv zur inneren Harmonie bei.

Affirmation und Alltagstips für das Herzzentrum

»Ich spüre mein Herz, warm und voller Liebe zu mir und meinen Mitmenschen. Voller Liebe zur Natur. Ich vertraue und schenke Liebe, erhalte Liebe und fühle mich frei. Ich bin Liebe.«

Tips für den Alltag

- Lachen Sie öfter herzhaft. Lachen entspannt und pflegt Ihren Herzbereich.
- Stellen Sie sich vor den Spiegel, und sagen Sie zu sich selbst: »Ich liebe mich.«
- Bringen Sie kleine, liebevolle Gesten in den Alltag ein.
- Zeigen Sie dem Partner und Freunden Ihre Liebe.
- Umgeben Sie sich mit den Farben Grün und Rosa.
- Kaufen Sie sich rosa Rosen, Wicken oder Nelken.
- Lassen Sie Ihre Augen auf grünen Wiesen ruhen.

Das Kehlkopfzentrum regelt alle körperlichen Vorgänge innerhalb der Schilddrüse und der Nebenschilddrüse.

Blau, Hellblau oder Türkis, die Farben des fünften Chakras, stehen für Klarheit, Kreativität und Gefühlsausdruck. Menschen mit diesen Lieblingsfarben besitzen Mitgefühl und sind rhetorisch gewandt.

Das Kehlkopfzentrum

Symbol für die Kommunikation mit der Außenwelt ist das Kehlkopfzentrum.

Testen Sie Ihr Kehlkopfzentrum

1. Fällt es Ihnen schwer, Gedanken und besonders Gefühle in Worten auszudrücken?

2. Stottern Sie, oder verhaspeln Sie sich in bestimmten Situationen, oder haben Sie Angst vor einer Blamage?

3. Haben Sie manchmal einen Kloß im Hals?

4. Schnürt es Ihnen den Hals zu, wenn Sie vor vielen Menschen sprechen müssen?

5. Klingt Ihre Stimme manchmal gepreßt, krächzend oder sehr hoch?

6. Haben Sie oft das Bedürfnis, sich zu räuspern?

7. Fällt es Ihnen schwer, klar Ihre Autorität zur Geltung zu bringen?

8. Haben Sie im Halsbereich häufig das Gefühl, verschleimt zu sein?

9. Neigen Sie zu Halsinfektionen?

10. Leiden Sie öfter an steifem Hals oder Nackenverspannungen?

11. Machen Ihnen Schilddrüsenprobleme oder innere Unruhe zu schaffen?

Da Schilddrüse und Nebenschilddrüse als Hormonprodu-zenten fungieren, sind sie für unser Wohlbefinden und unse-re Stimmungslage verantwortlich. Befindet sich Ihr Kehl-kopfzentrum in Harmonie, fällt Ihnen jede Art von Gefühlsäußerung leicht, und Sie haben keine Probleme damit, Ihre Gedanken in Worte zu fassen. In diesem Sinne wird das Kehlkopfzentrum auch als Kommunikationszen-trum angesehen. Ihre Stimme klingt klar und angenehm, und auch wenn Sie vor vielen Menschen sprechen, behält sie diese Qualitäten. Sie lieben es, sich kreativ auszudrücken. Außer-dem haben Sie die Möglichkeit, Ihrer Stimme bei Bedarf Kraft und Autorität zu verleihen. Ihr Hals fühlt sich im gesunden Zustand frei, weit und entspannt an.

Die Farbe des Kehlkopfzentrums ist Blau, die Farbe des Himmels, der Weite und Unendlichkeit. Die Schwingungen dieser Farbe wirken beruhigend, rein und heilend.

Das Aura-Soma-Öl Blau über Blau (B2) ist dem Kehlkopfzentrum zugeordnet.

Die Meditation vor der Weite und Unendlichkeit eines blauen Himmels unterstützt die Harmonisierung des fünften Chakras mit den entsprechenden körperlichen Funktionen.

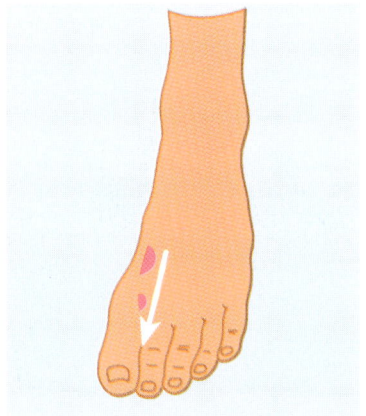

Die Region zwischen großer und zweiter Zehe ist den oberen Atemwegen zugeordnet.

Massage des Kehlkopfzentrums

Nachdem Sie Ihr Öl mit der linken Hand (siehe Seite 14) geschüttelt haben, tragen Sie es rund um Ihren Hals auf. Massieren Sie anschließend mit kleinen kreisenden Bewegungen Ihrer Finger Ihre Schultermuskeln sowie Ihre kleinen Halsmuskeln rechts und links neben der Halswirbelsäule.

Fußreflexzonenmassage für das Kehlkopfzentrum

Verteilen Sie gleichmäßig das Öl auf beiden Fußsohlen, und massieren Sie es mit kreisenden Bewegungen in der Mitte der Fußsohle ein. Dann verfahren Sie wie bisher: Streichen Sie Nieren, Harnleiter und Blase aus, um den Körper zu entschlacken. Dann streichen Sie um das Großzehengelenk, das dem Nackenbereich entspricht, und ziehen leicht an der Zehe. Anschließend massieren Sie Ihre Zehe auf der Oberseite kurz vor dem Zehennagel. Hier befindet sich die Kieferzone. Nun gehen Sie noch ein Stück weiter den Fuß entlang und massieren zwischen großer und zweiter Zehe vom Körper weg in Richtung der Zehennägel. Diese Bereiche aktivieren die Brust- und Lymphdrüsen sowie Kehlkopf und Luftröhre. Sie schließen wieder ab mit Niere, Harnleiter und Blase.

Körperübungen für das Kehlkopfzentrum

Bevor Sie mit den Dehnungsübungen für den Körperabschnitt beginnen, sollte Ihre Muskulatur aufgewärmt sein. Duschen Sie warm, oder legen Sie sich für etwa 15 Minuten eine Wärmflasche, umwickelt mit einem feuchten Handtuch, unter den Nacken.

Dehnung des Trapezmuskels

Sie stehen gerade und lassen Ihre Arme locker herabhängen. Sie neigen Ihren Kopf zur rechten Schulter, achten dabei auf eine gerade Haltung der Wirbelsäule und daß die linke

Schulter locker nach unten fällt. Ihre Nasenspitze zeigt exakt nach vorne. Winkeln Sie die Hände ab, so daß die Handrücken nach oben zeigen, und pressen Sie gleichzeitig die Handflächen in Richtung Boden. Spüren Sie die Dehnung im linken Schultermuskel, und halten Sie die Dehnung eine Minute lang. Dann dehnen Sie die rechte Schulter.

Dehnung der Nackenmuskulatur

Ziehen Sie Ihr Kinn fest ans Brustbein; dadurch dehnen Sie Ihre Nackenmuskulatur.
Ein weiterer Übungsvorschlag: Drehen Sie Ihren Kopf möglichst weit nach rechts (Vorsicht: Nicht überstrecken!), und halten Sie die Stellung höchstens eine Minute. Führen Sie dieselbe Bewegung auch nach links aus.

Aufrechte Körperhaltung

Als Vorarbeit empfehle ich Ihnen die Übungen zur Aufrichtung der Lendenwirbelsäule (siehe Seite 42) sowie der Brustwirbelsäule (siehe Seite 48). Halten Sie den Kopf genau in der Körpermittelachse, und lassen Sie ihn nicht nach vorne

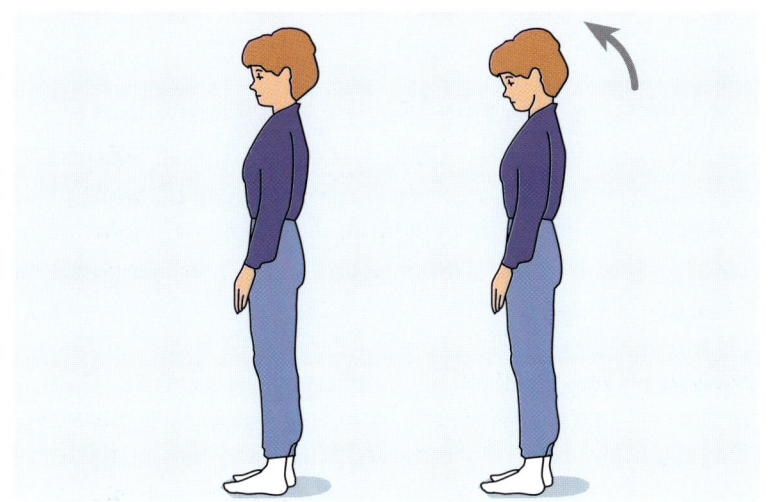

Der Trapezmuskel ist dafür verantwortlich, daß die Schultern nach oben gezogen werden. Gerade Menschen, die während ihrer Arbeit viel sitzen, leiden oft unter Verkrampfung oder Verkürzung dieser Muskelpartie. Entkrampfend auf Verspannungen im Schulter- und Nackenbereich wirkt die Dehnung der Nackenmuskulatur.

57

**Die hellblaue Quintes-
senz El Morya und die
türkisfarbene Quint-
essenz Maha Chohan**

El Morya unterstützt Sie darin,
innere Verkrampfungen und
Wünsche loszulassen und
mehr auf den Fluß des Lebens
zu vertrauen. Diese Quintessenz drückt den Satz »Dein
Wille geschehe« aus.
Maha Chohan hilft Ihnen
dabei, Wissen weiterzugeben,
oder auch Ihre Ausdrucks-
fähigkeiten zu fördern. Arbeiten Sie mit der Quintessenz,
die Ihnen sympathischer ist.

fallen. Negative Folgeerscheinungen dieser Fehlhaltung sind eine reflektorische Anspannung der Schulter- und Nackenmuskulatur und eine dadurch bedingte Mangeldurchblutung, die zu Schmerzen in diesem Bereich führt. Zur Korrektur nehmen Sie den Kopf weiter nach hinten, nachdem Sie Lendenwirbelsäule und Brustwirbelsäule aufgerichtet haben, Ihr Kinn ziehen Sie ans Brustbein, so daß auch die Halswirbelsäule gestreckt ist. Achten Sie dabei auf eine gerade Haltung.

Atemübung für das Kehlkopfzentrum

Sie beginnen mit dem saphirblauen (hellblauen) oder türkisfarbenen Pomander, je nachdem, welcher Duft Ihnen mehr zusagt. Wenn Sie lernen möchten, Gefühle direkter auszudrücken, unterstützt Sie der türkise Pomander.

Dann legen Sie sich bequem auf den Rücken, tupfen nochmals etwas Pomander unter die Nase und stellen sich vor, Sie würden am Meer im angenehm warmen Sand liegen. Sollten Sie gerade Urlaub am Meer machen, führen Sie diese Übung am Strand durch. Mit jedem Ausatmen lassen Sie sich tiefer in den Sand hineinsinken und lassen alle Spannungen los. Der blaue Himmel wölbt sich über Ihnen, die Sonne scheint angenehm warm auf Ihren Körper. Sie hören die Brandung des Meeres und atmen die frische, salzige Meeresluft ein. Mit jedem Einatmen öffnen Sie Ihr Kehlkopfzentrum mehr – es weitet sich und ist dabei entspannt. Klare, hellblaue und türkisfarbene Meeresluft strömt in Ihren Hals und von dort aus in Ihren gesamten Körper. Ihr Körper liegt ruhig im warmen, weichen Sand. Hören Sie auf das Rauschen des Meeres, und konzentrieren Sie sich auf Ihren entspannten, weiten Hals und Mundraum. Sie atmen tief ein und aus, spüren die Unterlage unter Ihrem Körper, bewegen Ihre Fußspitzen und Ihre Hände, strecken sich und kommen wieder in die Wirklichkeit zurück.

Entspannungsübung für das Kehlkopfzentrum

Betrachten Sie intensiv das Bild auf Seite 55. Geben Sie einige Tropfen saphirblauen oder türkisen Pomander oder Quintessenz unter Ihre Nase, und setzen oder legen Sie sich bequem hin. Sie sehen den hellblauen, unendlich weiten Himmel vor Ihrem inneren Auge und folgen den weißen, dahinziehenden Wolken. Belastende Alltagsgedanken legen Sie auf die Wolken und lassen sie davonziehen. Dabei werden Sie immer leichter und entspannen sich zusehends. Fühlen Sie sich eingebettet in das transparente Blau des Himmels und eins mit ihm. Genießen Sie es, denn Zeit und Raum spielen keine Rolle mehr. Sie verschmelzen mit dem hellen Blau des Himmels. Wenn Sie das Bedürfnis haben, wieder zurückzukommen, atmen Sie einige Male kräftig durch die Nase ein und laut mit einem Sch-Laut wieder aus. Spüren Sie dabei Ihr Zwerchfell, Ihre Lungenflügel und Ihren ganzen Körper. Dann öffnen Sie wieder die Augen.

Wenn Sie Übungen oder Meditationen im Sitzen ausführen, achten Sie bitte auf eine aufrechte Haltung Ihrer Wirbelsäule und Ihres Kopfes.

Affirmation und Alltagstips für das Kehlkopfzentrum

»Ich spüre die Weite meines Kehlkopfes, drücke Gefühle und Gedanken kreativ und direkt aus. Ich spreche auch vor vielen Menschen sicher.«

Tips für den Alltag

- Singen und summen Sie öfter am Tag.
- Malen Sie, und drücken Sie Ihre Gefühle in Farbe und Form aus. Tun Sie dies einfach für sich selbst, ohne irgendwelche besonderen Ergebnisse erzielen zu wollen.
- Lassen Sie Ihre Augen öfter auf dem Blau des Himmels, den Farben eines Sees oder des Meeres ruhen.
- Integrieren Sie Blau und Türkis in Ihre Wohnung.
- Tragen Sie türkisfarbene Halstücher, am besten mit Pflanzenfarben gefärbt.

Das Stirnzentrum

Das Stirnzentrum oder das dritte Auge ist Sitz der Intuition und des Erfassens. Hier geschehen alle Vorgänge einer ganzheitlichen Wahrnehmung.

Das sechste Chakra wird auch drittes Auge genannt, da es die menschliche Intuition versinnbildlicht.

Tiefblau oder Königsblau zieht besonders Menschen an, die einen Hang zur Mystik und zur meditativen Versenkung haben. Kennzeichnend für sie sind oft eine idealistische Lebenshaltung und die Ausstrahlung natürlicher Autorität.

Testen Sie Ihr Stirnzentrum

1. Vertrauen Sie Ihrer Intuition nur selten?

2. Versuchen Sie, Ihre subjektiven Eindrücke und Empfindungen vor sich oder anderen mit Argumenten zu begründen?

3. Sind Sie häufig unkonzentriert, und haben Sie oft den Eindruck, »etwas danebenzustehen«?

4. Drehen sich Ihre Gedanken, besonders abends vor dem Einschlafen, im Kreis?

5. Fällt es Ihnen schwer, vor dem Einschlafen zu meditieren und Gedankenstille einkehren zu lassen?

6. Fällt es Ihnen schwer, sich mit geschlossenen Augen einen Gegenstand plastisch oder farbig vorzustellen?

7. Haben Sie häufig das Gefühl, ein »Brett vor dem Kopf« zu haben?

8. Leiden Sie öfter unter Kopfschmerzen oder Migräneanfällen?

9. Ziehen Sie im Stirnbereich häufig Falten?

10. Haben Sie nachts, wenn Sie schlafen, häufig das Gefühl, angestrengt arbeiten oder Prüfungen ablegen zu müssen?

Das Stirnzentrum beeinflußt im physiologischen Bereich die Hirnanhangdrüse, die zentrale Stelle in unserem Körper für die Hormonproduktion und u. a. für das Wachstum des Menschen zuständig. Als Bereich des Aufnehmens und Denkens ist es für eine ganzheitliche Wahrnehmung verantwortlich – Details werden in den Hintergrund gerückt. Mit einem harmonisch arbeitenden Stirnzentrum sind Sie im Kopf klar, konzentrationsfähig und besitzen die Fähigkeit, sich Gegenstände und Situationen plastisch vorzustellen. Sie können sich in Sekundenschnelle entspannen, indem Sie Gedankenstille im Kopf einkehren lassen. Ihr Gesicht wirkt dabei entspannt. Sie nehmen neues Wissen rasch und mühelos auf und haben darüber hinaus intuitive Fähigkeiten.

Die Farbe Indigo schafft Raum für klares Denken. Auch das Unterbewußtsein wird angeregt und reguliert dann mögliche Drüsenstörungen.

Das Aura-Soma-Öl Blau über Purpurmagenta (B1) ist dem Stirnzentrum zugeordnet. B1 verwendet man ebenso für das Kronenzentrum.

Die Versenkung in den Anblick eines nächtlichen Sternenhimmels hilft dabei, eventuelle Störungen des sechsten Chakras auszugleichen.

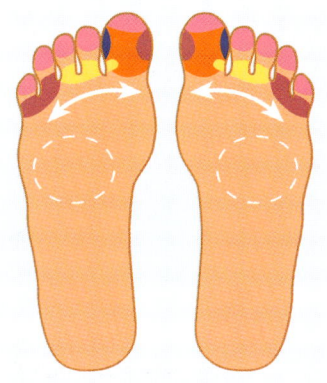

Durch die Reflexzonen-massage für das Stirnzentrum wird in erster Linie die Gesichtsmuskulatur angesprochen.

Massage des Stirnzentrums

Nachdem Sie Ihr Öl mit der linken Hand (siehe Seite 14) geschüttelt haben, tragen Sie es vorsichtig auf der Stirn zwischen den Augenbrauen auf. Massieren Sie von diesem Punkt aus mit kleinen Kreisen seitlich bis zu den Schläfen. An den Schläfen massieren Sie mit kleinen Kreisen weiter. Danach gehen Sie mit den Fingern am Haaransatz hinter den Ohren vorbei bis zum Hinterkopf.

Fußreflexzonenmassage für das Stirnzentrum

Tragen Sie Ihr Öl auf beiden Fußsohlen auf, massieren Sie mit dem Daumen das Öl in der Mitte der Fußsohle ein, und streichen Sie Niere, Harnleiter und Blase aus, um die Ausscheidung von Schlackenstoffen anzuregen.

Anschließend massieren Sie die Unterseite Ihrer großen Zehen, womit Sie reflektorisch die Durchblutung im gesamten Gesichtsbereich aktivieren. Dann gehen Sie über zu den Unterseiten der übrigen Zehen. Sie schließen ab mit Niere, Harnleiter und Blase.

Körperübungen für das Stirnzentrum

Durch Streß im Alltag sind unsere Gesichtsmuskeln häufig angespannt, bei manchen sogar dauerhaft verkrampft. Die Folgen sind Falten, die sich immer tiefer eingraben, Kopfschmerzen und sogar Zähneknirschen.

Daher beschreibe ich Ihnen an dieser Stelle eine kurze, aber sehr wirkungsvolle Gesichtsgymnastik. Bei dieser Technik werden verspannte Muskeln zuerst noch einmal ganz bewußt angespannt, um sie anschließend betont locker zu lassen. Anfangs führen Sie die Übungen vor dem Spiegel durch, um eine optische Kontrolle zu haben. Wichtig ist außerdem, daß Sie bei der Anspannung tief einatmen und bei der Lockerung tief und fest ausatmen. Lassen Sie beim Entspannen die Muskeln richtig locker.

- Spitzen Sie die Lippen intensiv nach vorne, und lassen Sie anschließend locker den Unterkiefer fallen (2mal).
- Lächeln Sie mit geschlossenen Lippen ganz breit bis zu den Ohren, und lassen Sie wieder locker (2mal).
- Beißen Sie fest die Zähne aufeinander; dann lassen Sie locker, so daß der Unterkiefer nach unten fällt (2mal).
- Rümpfen Sie die Nase, und entspannen Sie wieder (2mal).
- Blähen Sie die Nasenflügel, und entspannen Sie sie (2mal).
- Kneifen Sie die Augen ganz fest zu, und entspannen Sie wieder (2mal).
- Legen Sie die Stirn längs in Falten, wie wenn Sie die Augenbrauen zusammenziehen, und lassen Sie locker (2mal).
- Ziehen Sie die Augenbrauen hoch, und lassen Sie wieder locker (2mal).

Spüren Sie nach jeder Übung in Ihrem Gesicht die entspannte Muskulatur; Ihr Unterkiefer ist locker, Ihre Atmung ist tief und gleichmäßig.

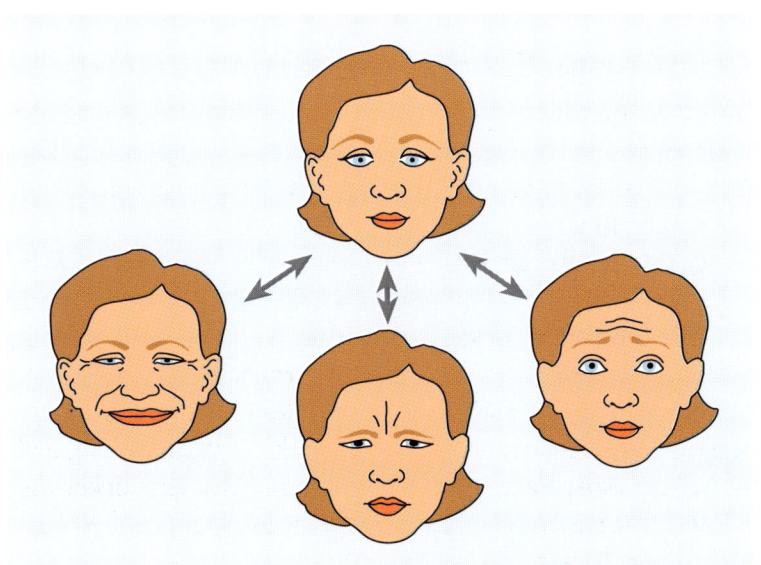

Die Gesichtsgymnastik wirkt sich auch positiv auf die Struktur Ihres Hautbildes aus.

**Die hellblaue
Quintessenz El Morya**

El Morya paßt sowohl zum Kehlkopf- als auch zum Stirnzentrum. Sie hilft, Spannungen zu lösen und Vertrauen zu lernen. Zudem bringt sie Frieden und Verständnis.

Atemübung für das Stirnzentrum

Sie beginnen mit der Pomanderübung und verwenden dazu den königsblauen Pomander. Im Anschluß daran tupfen Sie noch etwas davon unter Ihre Nase.

Legen Sie sich dann bequem auf den Rücken, und schließen Sie die Augen. Ihr Körper ist schwer, die Muskulatur jedoch locker und gelöst. Atmen Sie tief und gleichmäßig, und folgen Sie Ihrem Atemrhythmus. Mit jedem Einatmen sehen Sie vor einem königsblauen Hintergrund eine leuchtend weiße Zahl auftauchen, die mit dem nachfolgenden Ausatmen wieder verschwindet. Beginnen Sie beim ersten Atemholen mit der Zahl Eins, und zählen Sie bei jedem Atemzug eine Zahl weiter, bis Sie bei zehn angekommen sind. Wiederholen Sie diesen Vorgang noch einmal. Danach öffnen Sie wieder die Augen.

Entspannungsübung für das Stirnzentrum

Betrachten Sie das Foto mit dem nachtblauen Sternenhimmel auf Seite 61. Geben Sie sich einige Tropfen des königsblauen Pomanders unter die Nase, und setzen oder legen Sie sich bequem hin. Beim Sitzen achten Sie bitte auf eine aufrechte Körperhaltung.

Sie sehen den nachtblauen, weiten Himmel vor Ihrem inneren Auge, sehen den Mond und funkelnde Sterne. Lassen Sie sich ganz in das tiefe Blau hineinfallen. Sie atmen das Tiefblau ein, füllen Ihre Lungen damit und atmen die verbrauchte Luft mühelos wieder aus. Nun suchen Sie sich am Himmel einen Stern aus, der Sie besonders anspricht. Lassen Sie Ihren Blick auf diesem Stern ruhen, wobei Sie weiter tief ein- und ausatmen. Bleiben Sie mit voller Konzentration auf Ihrem Stern. Sollten Ihnen störende Gedanken durch den Kopf gehen, so schicken Sie diese mit dem nächsten Ausatem einfach fort. Stellen Sie sich nun zwischen Ihrem dritten Auge in der Mitte zwischen den Augenbrauen und dem Stern am Firmament einen Faden aus Sternenlicht vor, und spüren Sie diese Verbindung. Verweilen Sie einige Zeit in diesem Kontakt. Dann lösen Sie Ihren Sternenlichtfaden auf, lassen den Sternenhimmel verblassen und empfinden wieder bewußt Ihren Körper. Diese Meditation können Sie auch mit geöffneten Augen in einer klaren Sommernacht im Freien durchführen.

Affirmation und Alltagstips für das Stirnzentrum

»Ich nehme alles klar und konzentriert wahr. Ich fühle mich hellwach und bin dabei entspannt.«

Tips für den Alltag

- Setzen Sie sich vor eine Kerze, und lassen Sie Ihren Blick konzentriert auf der Kerzenflamme ruhen, ohne Gedanken, ganz im Moment versunken.

- Versuchen Sie mit geschlossenen Augen sich einen Gegenstand Ihrer Wahl realistisch vorzustellen. Form und Farbe sehen Sie so wirklichkeitsgetreu wie möglich, bis hin zum Geruch, wenn Sie sich z. B. eine blühende Rose vorstellen.

- Lassen Sie Ihre Augen öfters auf Tiefblau ruhen, wie auf einem Nachthimmel oder Lapislazuli.

- Beobachten Sie Ihre Gedanken, während Sie U-Bahn fahren oder im Zug sitzen. Versuchen Sie, genau wahrzunehmen, wann und wo ein Gedanke entsteht. Lassen Sie ihn vorbeiziehen wie eine Wolke, und verurteilen Sie sich nicht, wenn Sie sich wieder einmal tief in Verstandesdinge verstrickt ertappen. Lächeln Sie dabei voller Liebe und Verständnis für Ihre Gedankenspiele.

- Umgeben Sie sich in Ihrer Wohnung mit entspannenden Blautönen.

Lapislazuli, auch Blaustein genannt, ist von lasurblauer Farbe oder dunkelblau und ideal für die Beeinflussung des Stirnzentrums.

Das siebte Chakra steht für Spiritualität und kosmische Verbundenheit.

Ein Mensch, der sich durch die Farbe Violett repräsentiert fühlt, ist jemand, der einem übergeordneten großen Ganzen zu dienen bereit ist.

Das Kronenzentrum

Das Kronen- oder Scheitelzentrum als höchster Punkt des Menschen eröffnet ihm die Weite des Kosmos und der Spiritualität.

Testen Sie Ihr Kronenzentrum

1. Grübeln Sie viel vor sich hin?

2. Wären Sie gerne spirituell offener, haben jedoch das Gefühl, Ihnen bleibt diese Dimension verschlossen?

3. Fragen Sie sich manchmal, warum.Sie auf der Welt sind?

4. Ist Gott für Sie ein Begriff mit vielen Fragezeichen?

5. Fühlen Sie sich geistig einsam oder unverstanden?

6. Sind Sie manchmal in Situationen geistig nicht ganz bei der Sache, und merken Sie erst im nachhinein, daß Ihnen das Thema klar wird?

7. Haben Sie eine Tendenz zu Alkohol, Zigaretten oder anderen Drogen?

8. Umgibt Sie zeitweise Trauer wie ein dunkelvioletter Mantel?

9. Würden Sie am liebsten fliehen oder nicht hier auf der Erde leben?

10. Haben Sie häufig ein Druckgefühl im Kopf?

11. Neigen Sie zu Kopfschmerzen oder Migräneanfällen?

Körperlich gesehen hat das Kronen- oder Scheitelzentrum einen direkten Einfluß auf die Zirbeldrüse, die an der Unterseite des Stammhirns sitzt und elementar für den menschlichen Organismus ist. Sie beeinflußt die sexuelle Entwicklung des Menschen und schützt vor verfrühter Geschlechtsentwicklung. Nur vom Scheitelpunkt aus kann der Mensch seine Grenze als Individuum zur Gesamtheit des Universums empfinden und auch überschreiten. Mit einem harmonisch arbeitenden Kronenzentrum fühlen Sie sich mit allem verbunden und eingebettet in die Welt. Sie sind sich Ihrer individuellen Lebensaufgabe und Ihrer Lebensform bewußt, denn Sie haben Ihren persönlichen Weg gefunden. Außerdem sind Sie von klarem Wesen und offen für Inspiration.

Die Farbkombination des Kronenzentrums, Blau und Purpurmagenta, ergibt Violett, die Farbe mit den höchsten Schwingungen und der kreativsten Energie.

Das Aura-Soma-Öl Blau über Purpurmagenta (B1) ist neben dem Stirnzentrum auch dem Kronenzentrum zugeordnet.

Die Meditation vor einer violet-ten Flamme unterstützt Ihr siebtes Chakra bei der Lösung von Sorgen und Problemen.

Massage des Kronenzentrums

Nachdem Sie Ihr Öl mit der linken Hand geschüttelt haben (siehe Seite 14), tragen Sie es rund um Ihren Haaransatz auf, also an der Stirn entlang, über die Schläfen und Ohren hin zum Nacken. Außerdem können Sie Ihre Ohrmuschel und Ihr Ohrläppchen mit Blau/Purpurmagenta (B1) mit einem sanften Druck von Daumen und Zeigefinger massieren. Damit erreichen Sie über die auf und im Ohr liegenden Reflexpunkte indirekt Ihren gesamten Körper.

Fußreflexzonenmassage für das Kronenzentrum

Tragen Sie auf beide Fußsohlen das Öl auf, massieren Sie mit kreisenden Bewegungen Ihres Daumens in der Mitte der Fußsohle das Öl ein, und streichen Sie Niere, Harnleiter sowie Blase aus, um die Ausscheidung von Schlackenstoffen anzuregen. Nun massieren Sie die Unterseite Ihres großen Zehs. Damit regen Sie reflektorisch die Durchblutung in Ihrem Gesicht an. Danach massieren Sie auch die Unterseiten der übrigen Zehen. Sie schließen wieder ab mit Niere, Harnleiter und Blase.

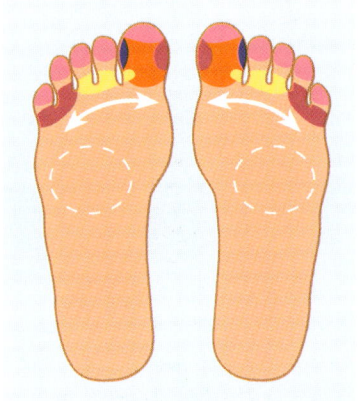

Die Fußreflexzonen-massage für das Kronenzentrum entspricht der des Stirnzentrums.

Körperübungen für das Kronenzentrum

Förderung der Durchblutung

Legen Sie sich auf den Rücken, und stellen Sie Ihre Beine angewinkelt auf; der untere Rücken – Lendenwirbelbereich – liegt flach und entspannt auf dem Boden. Atmen Sie tief ein und aus. Dann heben Sie nur Ihr Becken hoch. Diese Brückenstellung halten Sie und atmen ruhig dabei weiter. Senken Sie Ihr Becken langsam wieder ab, und entspannen Sie Ihren Rücken. Nun strecken Sie Ihre Beine nach oben zu einer Kerze, die Sie mit den Händen am Rücken unterstützen. Gehen Sie langsam wieder zurück in die Ausgangsposition, und wiederholen Sie die Sequenz mehrere Male. Mit diesen Übungen fördern Sie die Durchblutung im Kopf.

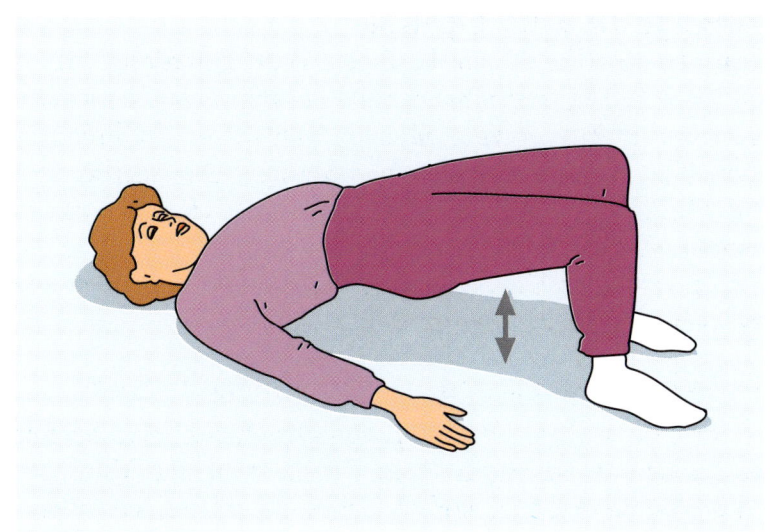

Die Übung zur Förderung der Durchblutung hat, regelmäßig angewendet, einen wohltuenden Effekt auf Rücken und Lendenwirbel.

Haltungsübung

Richten Sie sich aus der nach vorneübergebeugten Haltung in den Stand auf, indem Sie zuerst das Brustbein und dann den Kopf langsam über die Wirbelsäule aufrollen und nach oben strecken. Dabei haben Sie das Gefühl, als würde ein unsichtbarer Faden an Ihrem Scheitel Ihren Kopf lange nach oben ziehen. Entspannen Sie Ihre Schultern, und halten Sie Ihren Kopf genau in der Körpermitte. Spüren Sie dann ganz bewußt Ihre Fußsohlen, und nehmen Sie so Kontakt zur Erde auf. Danach richten Sie Ihre ganze Aufmerksamkeit auf den Kopf. Nun fühlen Sie sich wie aufgespannt zwischen Himmel und Erde. Diese Haltungsübung können Sie problemlos auch während des Tages, beispielsweise im Büro, machen.

Haltungsübungen bekommen in der Krankengymnastik immer mehr Bedeutung. Da viele Menschen fast nur noch sitzen und sich kaum bewegen, sind muskuläre Verspannungen und Fehlhaltungen des Skeletts weit verbreitet.

Atemübung für das Kronenzentrum

Sie beginnen mit der Anwendung des violetten oder tiefmagentafarbenen Pomanders (siehe Seite 18), je nachdem, welcher Ihnen vom Duft her mehr zusagt.

Die hellviolette Quintessenz Saint Germain

Transformation, Heilen, Dienen, Freiheitsliebe sind Aspekte, die Ihnen in dieser Quintessenz begegnen. Zudem hilft sie bei der Klärung nicht aufgearbeiteter emotionaler Probleme.

Geben Sie nach der Pomanderübung ein paar Tropfen davon direkt unter Ihre Nase. Setzen Sie sich dann aufrecht und gleichzeitig entspannt hin. Konzentrieren Sie sich auf Ihr Kronenzentrum. Stellen Sie sich vor, in dieses Zentrum weißes Licht hineinzuatmen. Nun sehen Sie vor Ihrem inneren Auge einen großen klaren Bergkristall mit bizarren Zacken und Winkeln. Lassen Sie ihn vor Ihrem inneren Auge größer und größer werden, bis er Sie weit überragt. Sie sehen eine Tür in diesem Kristall, öffnen diese und treten ein. Das Licht des Bergkristalls bricht sich in all den Ecken und Kanten und umgibt Sie von allen Seiten. Sie atmen es ein und aus, Sie atmen es in Ihren gesamten Körper ein. Über sich sehen Sie von innen die Spitze des Bergkristalls wie eine Domkuppel aufragen. Sie spüren die Ausrichtung des Kristalls in diese Höhe auch in Ihrem Körper und fühlen Konzentration und Klarheit in Ihrem Kopf. Wenn Sie genügend Licht des Bergkristalls geatmet haben, öffnen Sie die Türe des Kristalls und treten hinaus. Der Kristall wird wieder kleiner. Sie spüren Ihre Umgebung und bewegen Ihren Körper.

Entspannungsübung für das Kronenzentrum

Betrachten Sie das Foto mit der violetten Flamme auf Seite 67. Geben Sie einige Tropfen violettfarbenen Pomanders direkt unter Ihre Nase, und legen Sie sich bequem auf den Rücken.

Sehen Sie vor Ihrem inneren Auge eine wunderschöne, violette, leicht flackernde Flamme. Diese lassen Sie in Ihrer Vorstellung immer größer werden, so groß, daß sie Sie weit überragt und den Raum um Sie herum mit Ihrem Licht ausfüllt. Atmen Sie dieses violette Licht ein und aus. Nun treten Sie mit einem Schritt in die Flamme hinein. Violettes Licht, angenehm von der Temperatur, umspült Ihren gesamten Körper äußerlich und innerlich. Lenken Sie es durch Kopf, Hals, Herz, Bauch, Becken und Beine. Genießen Sie die reinigende Wirkung des Lichts. Wenn Sie Sorgen und Probleme haben oder einfach eine Unruhe verspüren, geben Sie diese in Gedanken in das Feuer hinein und lassen sie von der violetten Flamme davontragen. Bleiben Sie so lange in der Flamme, wie Sie möchten. Wenn Sie genug violettes Licht geatmet haben, gehen Sie wieder mit einem Schritt aus dem Feuer heraus und sehen die Flamme von außen kleiner und kleiner werden. Sie spüren die Unterlage unter Ihrem Körper, nehmen Ihre Knochen und Muskeln bewußt wahr, räkeln und strecken sich und sind wieder ganz hier.

Affirmation und Alltagstips für das Kronenzentrum

»Ich fühle mich eins mit allem, was ist. Ich fühle Vertrauen und Führung von oben.«

Der violette Pomander hilft Ihnen bei der Trauerarbeit nach Verlusten und bei der Wegfindung nach etwas Neuem. Zudem wirkt er beruhigend und ist bei Kopfschmerzen gut geeignet.

Tips für den Alltag

- Halten Sie bewußt jeden Abend vor dem Einschlafen Rückschau auf Ereignisse – auch wenn diese noch so unbedeutend erscheinen mögen –, und lassen Sie den Tag noch einmal an sich vorüberziehen.

- Stellen Sie sich die Sinnfragen, und suchen Sie nach Ihrer persönlichen Antwort darauf: Wer bin ich? Was ist meine Lebensaufgabe? Was bedeuten für mich Geburt und Tod?

- Beschäftigen Sie sich mit den verschiedenen Religionen und deren spirituellen Systemen, wie z. B. Schamanismus oder Mystik, und versuchen Sie auch, mit deren Unterstützung Ihren individuellen Weg zu finden.

- Umgeben Sie sich in Ihrem Haus mit Violett, wie etwa in Form eines Amethysts oder violetter Blumen.
  Achten Sie bei der Auswahl Ihrer Garderobe auf die Farbe Violett.

Die Aura-Soma-Öle im Überblick

NR.	NAME UND FARBE	AUFTRAGUNG	PASSENDE EDELSTEINE
B6	Rot über Rot, Energieflasche	Rund um den Unterleib, Fußsohlen	Granat, Rubin, Hämatit
B5	Gelb über Rot, Sonnenauf-/Sonnenuntergangsflasche	Rund um den Unterleib, Fußsohlen	Granat, Rubin, Karneol, Amber, Zitrin
B26	Orange über Orange Schockflasche	Rund um den Unterleib, linke Körperseite	Achat, Koralle Topas
B4	Gelb über Gold, Sonnenflasche	Rund um den Körper in Solarplexushöhe	Amber, Topas, Zitrin
B3	Blau über Grün, Herzflasche	Rund um den gesamten Brustraum	Türkis, Malachit, Smaragd
B2	Blau über Blau, Friedensflasche	Rund um den Hals, Fußsohlen	Lapislazuli, Saphir
B1	Blau über Magenta, Körperliche Erste Hilfe	Rund um den Haaransatz, Drittes Auge, Ohren, Hals und überall, wo akut benötigt	Amethyst

PASSENDE BACHBLÜTEN -TIP FÜR THERAPEUTEN -	WIRKUNGEN/INFOS INFOS	WEITERE INFOS
Olive, Oak, Scleranthus, Elm, Hornbeam	Unterstützt das Basiszentrum wärmend, energetisierend, für Liebe öffnend	Seite 28–33
Wild Rose, Pine, Vervain, Impatiens	Unterstützt das Basiszentrum, fördert den Emotionsdruck, entspannend für Unterleibsorgane, Sexualität anregend	Seite 28–33
Walnut, Willow, Sweet Chestnut, Star of Bethlehem, Rescue-Tropfen	Unterstützt das Sakralzentrum, schocklösend, wärmend, sexuell anregend, antidepressiv	Seite 34–39
Aspen, Rock Rose, Cherry Plum, Red Chestnut, Mimulus	Unterstützt das Solarplexuszentrum, stärkend für das Nervensystem, unterstützt den Verdauungsapparat, regt die Lebensfreude an.	Seite 40–45
Wild Oat, Rock Water, Pine, Mustard, Larch, Beech, Holly, Chicory	Unterstützt das Herzzentrum, hilft den eigenen Raum einnehmen, den individuellen Weg finden, fördert kreative Herzkommunikation	Seite 46–53
Cerato, Agrimony	Unterstützt das Kehlkopfzentrum, fördert den sprachlichen Ausdruck, entspannend, beruhigend, fördert tiefe Intuition	Seite 54–59
Chestnut Bud, Clematis, Honeysuckle, White Chestnut, Water Violet, Gorse, Gentian, Crab Apple, Rescue-Tropfen, Centaury	Unterstützt das dritte Auge und das Kronenzentrum, entspannend, konzentrationsfördernd, unterstützt die innere Sinnesfindung, wund- und heilungsfördernd	Seite 66–71

NR.	NAME UND FARBE	AUFTRAGUNG	ALTER DES KINDES
B20	Blau über Pink, Sternenkind und Kinder-Erste-Hilfe	Je nach Bedarf am ganzen Körper	Von der Geburt an bis zur Pubertät
B11	Klar über Pink, Essener Flasche	Rund um das Herzzentrum und den Bauch	Bis Ende des 9. Monats und später, wenn Ihr Kind diese Farben liebt
B12	Klar über Blau, Friede in der neuen Zeit	Rund um den Hals	Bis Ende der Stillperiode und später, wenn Ihr Kind diese Farben liebt
B13	Klar über Grün, Veränderung in der neuen Zeit	Rund um das Herzzentrum	Bis Abschluß der Trotzphase und später, wenn Ihr Kind diese Farben liebt
B14	Klar über Gold, Weisheit des neuen Zeitalters	Rund um den Solarplexus	Bis zum Schulanfang und später, wenn Ihr Kind diese Farben liebt
B15	Klar über Violett, Heilung im neuen Zeitalter	Rund um den Kopf herum am Haaransatz entlang	Vom 7. Geburtstag bis zur Pubertät, wenn diese Farben Ihr Kind ansprechen

WIRKUNGEN	WEITERE INFOS
Ideal zur Babymassage, aktiviert Heilungsprozesse bei Kindern in jedem Alter	Seite 85–86
Aktiviert die Selbstliebe und macht für bedingungsloses Lieben bereit; unterstützt gleichermaßen das Basiszentrum und das Herzzentrum	Seite 84–85
Unterstützt das Kehlkopfzentrum, hilft bei Sprachschwierigkeiten und Halsschmerzen	Seite 84–85
Unterstützt das Herzzentrum und den Lungenbereich, hilft die eigene Persönlichkeit klarer zu spüren und den eigenen Weg zu sehen	Seite 84 und 86
Unterstützt das Solarplexuszentrum, hilft gegen unbewußte und verdrängte Ängste, die im Bauchbereich »gespeichert« sind, öffnet für neues Wissen	Seite 84 und 86
Unterstützt das dritte Auge und das Kronenzentrum, fördert Klarheit im Denken und einen gezielten sprachlichen Ausdruck; aktiviert zudem die Selbstheilungskräfte	Seite 83–84 und 86

Die Pomander im Überblick

Farbe	Wirkungen
Dunkelrot	Erdend, energetisierend, aphrodisierend, wärmend, schützt vor Energieverlust
Rot	Wie dunkelroter Pomander und hilft außerdem, Gefühle wie Liebe zuzulassen
Orange	Schocklösend, unterstützt bei Entwöhnung von Süchten, gegen tiefe Ängste, sexuell anregend
Gold	Fördert den Zugang zur inneren Weisheit, positiv für Haut und Verdauungssystem
Gelb	Unterstützt das Nervensystem, gegen Ängste, Nervosität, Depressionen, konzentrationsfördernd
Pink	Unterstützt das Hormonsystem, entspannend im Kopfbereich, hilft, Liebe und Wärme bedingungslos zu geben und anzunehmen
Oliv	Unterstützt das Immunsystem, stärkt die Selbstbehauptung, hilft, die eigene Herzenswahrheit zu erkennen
Smaragd-grün	Unterstützt die Atmung, beruhigend, zentrierend, weitet den inneren Raum, hilft bei Entscheidungen, hilft, die eigene Herzenswahrheit zu erkennen
Türkis	Unterstützt das Immunsystem, Herz und Atem, fördert die Kreativität, hilft, Gefühle auszudrücken, wirkt gegen Lampenfieber
Saphirblau/ Hellblau	Stärkt das innere Vertrauen, schützend, beruhigend, kommunikationsfördernd
Königsblau	Stärkt Sensitivität, Intuition und Mitgefühl sowie das Gehör und wirkt entspannend
Violett	Fördert den Zugang nach innen, wirkt sehr beruhigend und gegen Kopfschmerzen
Weiß	Schützend und reinigend für alle Energiezentren
Tief-magenta	Hilft, den kleinen Dingen des Alltags mit Liebe zu begegnen, fördert die Selbsterkenntnis, wirkt schützend und unterstützt tiefe Meditation

DAZU PASSENDE EDELSTEINE	CHAKREN	WEITERE INFOS
Granat, Rubin	Basiszentrum	Seite 28–33
Granat, Rubin	Basiszentrum	Seite 28–33
Topas, Tigerauge, Jaspis	Sakralzentrum	Seite 34–39
Zitrin, Amber	Sakral- und Solarplexuszentrum	Seite 34–45
Gelber Quarz, Zitrin, Amber	Solarplexuszentrum	Seite 40–45
Rosenquarz, rosa Turmalin	Herzzentrum	Seite 46–53
Jade, Olivin	Herzzentrum	Seite 46–53
Smaragd, Jade, Malachit	Herzzentrum	Seite 46–53
Aquamarin	Kehlkopfzentrum	Seite 54–59
Saphir, Aquamarin, blauer Kalzit	Kehlkopf- und Stirnzentrum	Seite 54–59
Lapislazuli, Fluorit	Stirnzentrum	Seite 60–65
Amethyst, Bergkristall	Stirn- und Scheitelzentrum	Seite 60–71
Bergkristall	Stirn- und Kronenlzentrum	Seite 60–71
Amethyst, Granat, Rubin	Kronenzentrum	Seite 66–71

Aura-Soma hilft, die dunklen Seiten unseres Wesens ans Tageslicht zu befördern.

Die Arbeit mit Aura-Soma bietet die Möglichkeit, verdrängte Probleme sinnvoll zu verarbeiten und sich von ihnen zu verabschieden.

Unterstützungs-hilfen

Herausforderungen annehmen

In den letzten Jahren hielt ich viele Kurse zur Geburtsvorbereitung ab. Einer der Schwerpunkte war, den Frauen zu vermitteln, sich nicht gegen die Wehen zu wehren und den Körper währenddessen nicht zu sehr anzuspannen und zu verkrampfen – auch nicht reflexartig. Denn es geht vielmehr darum, in die Wehen »hineinzugehen«, in sie hineinzuatmen und sie anzunehmen als etwas, was einen mit jeder Welle näher zum Baby bringt.

So ähnlich sehe ich auch die Prozesse, die in unserem Inneren ablaufen. Widerstände, Hindernisse und alte Muster fordern uns auf, hinzusehen, hineinzugehen und die Herausforderung anzunehmen. Je leichter wir auf diese Weise dem inneren Strom des Lebens folgen, desto schneller kommen wir dahin, mehr und mehr unsere Fähigkeiten zu leben und sie in die Welt einzubringen.

Arbeit mit den Licht- und Schattenseiten

Sie fördern Ihre persönliche Aura-Soma-Arbeit darüber hinaus sehr, indem Sie sich Ihre Licht- und Schattenseiten bewußt machen. Beides ist in uns gleichermaßen vorhanden. Es geht nicht darum, dunkle – also negative – Seiten zu verdrängen. Bei der Schattenarbeit werden alte Gefühle ins Bewußtsein gerufen sowie alte hemmende Gedankenmuster, sogenannte Elementale, und Abhängigkeiten von Personen oder Dingen, wie etwa Süchte, thematisiert. Mit der Bewußtwerdung schaffen Sie die Voraussetzung dafür, diese alten Muster loszulassen. Indem Sie sich Ihre Lichtseiten bewußt machen, Ihr Potential, Ihre Lebensziele und Aufgaben, helfen Sie diesen Aspekten mehr und mehr, in die Realität zu rücken. Als hilfreich erweist sich dabei ein Tagebuch, in das Sie Ihre Ziele schreiben, zeichnen oder malen.

Arbeit auf verschiedenen Ebenen

Sie unterstützen Ihre Aura-Soma-Arbeit außerdem, indem Sie sich bewußt liebevoll um Ihren Körper kümmern.

- Check-up vornehmen lassen (Arzt, Heilpraktiker)
- Entgiftung, wenn notwendig (Gifte ausleiten)
- Darmpflege
- Homöopathische Heilmethoden bevorzugen
- Regelmäßige Zahnpflege
- Gesunde Ernährung
- Individuelles Trainingsprogramm im sportlichen Bereich und/oder Krankengymnastik sowie Massage
- Tagesprogramm mit Wechsel zwischen Anspannungs- und Entspannungsphasen entwerfen (Eustreß = gesunder Streß)
- Schönheitspflege (z.B. Kosmetik, Gesichts- und Körperpflege)
- Bewußte Kleiderauswahl nach Ihren Farben

Auf emotionaler Ebene unterstützen Sie Aura-Soma, indem Sie

- Ein Traumtagebuch anlegen.
- Öfter mal auf ein wenig Distanz zu Ihren Gefühlen gehen, denn Sie sind nicht Ihre Gefühle. Versuchen Sie, statt dessen ein wohlwollender Beobachter zu sein. Und: Nehmen Sie sich selbst nicht zu ernst.
- Lernen, darauf zu vertrauen, daß Sie zur richtigen Zeit am richtigen Ort das Richtige tun.
- Ihr Herz öffnen und Ihr Leben genießen.
- Ihr »inneres Kind« pflegen und ihm liebevoll begegnen. Denn das Kind, das Sie einmal waren, lebt heute noch in

Welche Farbe in der Aura eines Lebewesens gerade vorherrscht, wird von der Menge der von einem bestimmten Chakra ausgesandten Energie bestimmt. Störungen in der Aura sind oft Vorboten von Krankheiten.

Ihnen und bestimmt Teile Ihres Lebens mit. Wenn Sie sich diese Aspekte wieder ins Bewußtsein rufen und sich ihnen liebevoll wie einem guten Freund zuwenden, können alte Wunden und Enttäuschungen heilen.

Auf mentaler Ebene unterstützen Sie Aura-Soma, indem Sie

- Sich Ihrer Gedanken, der Muster, die diesen zugrunde liegen, und der Abläufe, die sich darin abspielen, genau bewußt werden. Denken Sie immer daran, daß Sie sind, was Sie denken. Versuchen Sie zu klären, wie Sie über sich denken. Machen Sie sich in diesem Zusammenhang Ihre positiven als auch negativen Eigenschaften bewußt. Versuchen Sie, Charakterzüge und Verhaltensmuster an sich wahrzunehmen, und gehen Sie mit diesen konstruktiv um: Stellen Sie fest, was Sie blockiert – Sie können es mit Unterstützung von Aura-Soma ändern.
- Sich täglich etwas Zeit nehmen, in die Stille zu gehen, zu meditieren und Ihren »Draht nach oben« zu verbessern.

Eine innere Einkehr ist in unserer schnellebigen Zeit besonders wichtig: Nehmen Sie sich Zeit, in sich zu geben und Ihren eigenen Ruhepunkt zu finden.

Kombination mit anderen Therapieformen

Aura-Soma gehört zu den Farbtherapien. Farben hatten schon immer in allen Kulturen und Religionen Symbolcharakter, d.h., man sah den engen Zusammenhang von Farben und unserem körperlichen und seelischen Wohlbefinden. Aura-Soma läßt sich bestens mit anderen herkömmlichen Behandlungsformen kombinieren und stellt damit für viele Therapeuten eine unterstützende Bereicherung dar. (Die Substanzen, mit denen die Klienten selber arbeiten oder welche bereits in einer anderen Therapieform verwendet werden, ergeben sich aus dem individuellen Beratungsgespräch.)

- Körperarbeit (verschiedene Massageformen wie Fußreflexzonenmassage, Lymphdrainage und Akupressur)
- Körperübungen (Yoga, Qi Gong, Gymnastik)
- Geburtsvorbereitung
- Atemtherapie
- Psychotherapie
- Edelsteinarbeit
- Bach-Blüten

Die Chakra-Therapie in Form von Aura-Soma-Arbeit, mit Farb-, Aroma- und Edelsteinwirkungen, verträgt sich in den meisten Fällen problemlos mit anderen Behandlungsarten.

Sollten Sie sich aufgrund eines bestimmten körperlichen oder seelischen Problems in Behandlung befinden, vergessen Sie bitte nicht, mit Ihrem Therapeuten auf jeden Fall über Ihre Aura-Soma-Substanzen zu sprechen und ihn in Ihre Arbeit mit einzubeziehen. Ich selbst freue mich immer sehr über den Austausch und die Zusammenarbeit mit Ärzten, Heilpraktikern oder Psychotherapeuten. Aus der ganzheitlichen Sicht der Dinge, in der Körper, Seele und Geist eine untrennbare Einheit bilden, wird diese Zusammenarbeit in Zukunft immer mehr an Bedeutung gewinnen.

Eine innere Ausgeglichen-heit ist gerade während einer Schwangerschaft von Bedeutung.

Bei der Arbeit mit dem »inneren Kind« handelt es sich in erster Linie darum, sich eventuell alte Verletzungen anzuschauen und Möglich-keiten zu entwickeln, diesem »Kind« auch im Alltag Zuwendung zu schenken.

Aura-Soma bei Schwangerschaft

Alles, was Sie in der Schwangerschaft harmonisiert, kommt auch Ihrem Baby zugute. Daher ist es sinnvoll, sich während der Schwangerschaft besonders intensiv um Körper, Seele und Geist zu kümmern. Viele Frauen reagieren während ihrer Schwangerschaft sensibler und sind dünnhäutiger. Sie werden mit inneren Themen konfrontiert, die sie längst ver-gessen, verarbeitet und abgelegt zu haben glauben. Diese Zustände sind jedoch vollkommen normal und auch als Geschenk zu sehen. Denn sie bieten die Möglichkeit, inner-lich zu wachsen. Hier ist es besonders empfehlenswert, sich einer Aura-Soma-Beratung anzuschließen. Dabei kann geklärt werden, welchen Themen man sich widmen sollte und welche Lebensziele und -aufgaben auf einen warten.

Häufig trifft man dabei auf folgende Themenstellungen, an denen man mit Unterstützung der Aura-Soma-Substanzen an sich arbeiten kann:

- Wie geht es meinem »inneren Kind«?
- Wie verlief meine Kindheit?
- Welche Beziehung hatte ich zu meiner Mutter und/oder meinem Vater?
- Wie möchte ich meine Weiblichkeit und mein zukünftiges Muttersein leben?
- Wie möchte ich die weiblichen und männlichen Anteile in mir ausgleichen?
- Wie möchte ich meine Partnerschaft mit Kind leben?
- Wie soll mein Alltag mit Kind aussehen?
- Wo komme ich her, und wo gehe ich hin nach diesem Leben?

Die Arbeit mit Aura-Soma während der Schwangerschaft unterstützt nicht nur beim Umgang mit den neuen Lebensumständen, sondern pflegt darüber hinaus durch die Anwendung der Substanzen die strapazierte Haut am Bauch.

Für die Bauchpflege während der Schwangerschaft hat sich das Aura-Soma-Öl Blau über Blau (B2) zur Massage der Haut bewährt; es harmonisiert, außerdem beugt es Schwangerschaftsstreifen vor.

Für die Geburt empfehle ich Orange über Orange (B26) zur Massage des gesamten Körpers. So können Sie Streß und Verkrampfungen der Muskulatur entgegenwirken. Klar über Violett (B15) ist ebenfalls zu empfehlen. Nehmen Sie das Öl, das Sie farblich mehr anspricht. Ihr Partner nimmt dabei mit seiner linken Hand Kontakt zu Ihnen auf, indem er Ihre Hand hält oder Sie an der Schulter anfaßt, schüttelt mit seiner rechten Hand das Öl knapp über Ihrem Körper und massiert es anschließend dort ein, wo Sie es wünschen. Wenn Sie ohne Partner entbinden, bitten Sie Ihre Hebamme darum. Nehmen Sie zur Geburt Ihres Kindes Ihren Lieblingspomander mit, und atmen Sie ihn ab und zu ein, wenn Sie den Wunsch danach verspüren. Integrieren Sie ihn in die Atemtechnik, die Sie im Geburtsvorbereitungskurs gelernt haben. Babys lieben den Duft des pinkfarbenen Pomanders.

Schwangerschaftsvorbereitung

Das »Kinderset« besteht aus den Flaschen Klar über Pink (B11), Klar über Blau (B12), Klar über Grün (B13), Klar über Gold (B14), Klar über Violett (B15).

Wenn Sie den Wunsch haben, ein Baby zu bekommen, so empfehle ich Ihnen zur Vorbereitung die Lektüre des Aura-Soma-Buchs von Irene Dalichow und Mike Booth. Sie haben einen umfangreichen Katalog zusammengestellt, den ich hier kurz wiedergebe:

Vor der Zeugung des Kindes wird B11 rund um den Unterleib oder ganz nach Gefühl auch rund um das Herzzentrum oder den Hals aufgetragen.
Wenn Sie Ihr Baby empfangen haben, tragen Sie weiter Substanzen folgender Flaschen auf:
● Klar über Blau (B12) rund um den Körper im Halsbereich.
● Klar über Grün (B13) rund um den Körper im Herzbereich.
● Klar über Gold (B14) rund um den Körper im Solarplexusbereich.
● Klar über Violett (B15) am Haaransatz der Stirne, an den Ohren und im Nackenraum.

Wenden Sie diese Öle während der Schwangerschaft jeweils so lange an, wie es Ihnen Ihr Gefühl eingibt. Die verbliebenen Reste der Flaschen heben Sie für Ihr Baby auf.

Aura-Soma bei Babys

Direkt nach der Geburt, nach dem ersten Bad, massieren Sie Ihrem Baby die Kinder-Erste-Hilfe Blau über Pink (B20) ein. Dabei berühren Sie das Baby mit Ihrer linken Hand und schütteln das Aura-Soma-Öl, das es auch in einer kindergerechten 25-Milliliter-Plastikflasche gibt, mit Ihrer rechten Hand. Dann verreiben Sie etwas Öl zwischen Ihren Handflächen und streichen damit behutsam über den gesamten Körper Ihres Babys. Das nach Rose und Lavendel duftende Kinderöl hilft, den Geburtsschock des Babys zu mildern.

Zur Massage des Babys hat sich B20 ebenfalls bewährt, gerade wenn es Magen-Darm-Beschwerden oder eine Erkältung hat. B20 wirkt zudem schmerzlindernd und beruhigend, wenn ein Baby zahnt. Aura-Soma England empfiehlt darüber hinaus Klar über Pink (B11) für Neugeborene bis zum Ende des neunten Lebensmonats und im Anschluß Klar über Blau (B12) bis zum Ende der Stillperiode oder dem Zeitpunkt, wenn das Kind an Flaschennahrung gewöhnt wird.

Die Babymassage ist äußerst wertvoll für die psychische und physische Entwicklung des Kleinen. Denn sie kommt den elementaren Bedürfnissen des Kindes nach Wärme, Nähe und Hautkontakt entgegen.

Kinder haben oft sehr viel Freude an den bunten Farben der Aura-Soma-Öle.

Aura-Soma in der Familie

Aura-Soma England empfiehlt für Kinder Klar über Grün (B13) bis zum Abschluß der Trotzphase, Klar über Gold (B14) bis zum Schulanfang und ab dem siebten Geburtstag bis zum Beginn der Pubertät die Klar über Violett (B15). In Notfällen und um Heilungsprozesse auf physischer oder psychischer Ebene zu aktivieren, nehmen Sie immer Blau über Pink (B20).

Sobald Ihr Kind in der Lage ist, die Flasche sicher zu halten, lassen Sie es sich selbst behandeln. Erklären Sie ihm vorher die Anwendung und den Auftragungsort. Falls es außerdem andere Körperstellen intuitiv behandeln möchte, lassen Sie ihm die Freiheit dazu.

Kinder verfügen über ein sehr gutes Einfühlungsvermögen für innere Zusammenhänge. Sie spüren genau, was sie brauchen.

Pomander für Kinder

Die Pomander sind bereits bei Schulkindern sehr beliebt. Lassen Sie Ihr Kind seinen Pomander nach dem Geruch auswählen. Wenn es tagsüber unterwegs ist und Lust auf den Pomanderduft hat, muß es nicht die gesamte Einfächelübung – diese eignet sich mehr für zu Hause – durchführen. Statt dessen gibt es einfach drei Tropfen der Substanz auf seine linke Handfläche, verreibt diese mit der rechten und atmet anschließend den Duft ein.

Gute Erfahrungen mache ich immer wieder bei Familienberatungen. Jedes Familienmitglied – Eltern wie Kinder, soweit diese dazu schon im richtigen Alter sind – wählten dabei seine persönlichen vier Flaschen aus. Anschließend lege ich

*Die Aura-Soma-Beratung
für ganze Familien macht
oft tieferliegende Probleme
sichtbar, ist jedoch
konzeptionell sanfter als der
psychotherapeutische Ansatz.*

alle Beratungsergebnisse zur Auswertung nebeneinander. Hierbei erkenne ich die Bereiche, in denen Konfrontationen oder Projektionen und Hemmungen stattfinden ebenso wie diejenigen, in denen sich die Familienmitglieder gegenseitig fördern und unterstützen.

Harmonisches Zusammenleben fördern

Mehr Verständnis füreinander und bewußteres Zusammenleben können dadurch angeregt werden. Das gemeinsame Arbeiten mit den Aura-Soma-Substanzen wird so ins tägliche Leben integriert. Diese Vorgehensweise wäre auch eine Behandlungsalternative oder zusätzliche Möglichkeit für Familientherapeuten und Kinderpsychologen.

Wichtig beim Umgang mit Aura-Soma-Substanzen ist, daß jeder Familienangehörige ausschließlich seine eigenen Flaschen schüttelt oder anwendet, da die Öle durch den Schüttelvorgang individuell eingestellt sind.

Aura-Soma bei Alter und Krankheit

Rosenextrakte haben eine ausgleichende und erfrischende Wirkung.

Heilung mit Aura-Soma bedeutet nichts anderes als Energieübertragung mit Aura-Soma-Substanzen, entweder durch direkte Anwendung auf der Haut oder indirekte Behandlung durch die Wahrnehmung ihrer Farben.

Der freie Wille und die Eigenverantwortlichkeit eines Menschen sind Bestandteil eines jeden Lebensabschnittes, egal, in welcher körperlichen Verfassung. Das sollte unbedingt immer respektiert werden, bei sich selber und bei anderen. Ideal und wünschenswert wäre, wenn Sie mit einem dauerhaften Leiden zu kämpfen haben, daß Sie über die möglichen Ursachen Ihrer Krankheit nachdenken, auch wenn es noch so unangenehme Themen sind. Behalten Sie immer im Bewußtsein, daß eine Krankheit Ihnen etwas mitteilen möchte und nicht zufällig über Sie hereinbricht.

Lebenserfahrung einbringen

Als alter Mensch kann man in Aura-Soma zudem seine persönliche Lebenserfahrung und Erkenntnisse einbringen und dabei weiterhin den Kontakt nach innen und nach oben pflegen – voller Vertrauen darauf, in den Kreislauf des Lebens eingebettet zu sein. Sollten Sie zur Aura-Soma-Anwendung nicht selbst in der Lage sein, können Ihnen Angehörige oder Pflegepersonen behilflich sein. Diese sollten das jeweilige Öl mit der rechten Hand in Ihrer Körpernähe schütteln und mit der linken Hand Körperkontakt zu Ihnen aufnehmen. Das Öl wird Ihnen anschließend auf die betreffenden Körperabschnitte aufgetragen. Sie können sich auch jeden Pomander einfächeln lassen.

Bei Schmerzzuständen hat sich am ganzen Körper die Körperrescue Blau über Tiefmagenta (B1) bewährt. Menschen, die im Sterben liegen, empfahl Vicky Wall die spirituelle Rescue Indigo über Tiefmagenta (B0). Diese trägt man am Kopf rund um den Haaransatz auf.

Wirkungsvoll sind auch Raumflaschen, die man neben das Bett eines Kranken stellt. Hinter den Flaschen wird eine Lichtquelle angebracht, so daß die Farben der Substanzen besonders gut zur Geltung kommen. Sehen Sie dazu auch im Kapitel Raumflaschen auf Seite 90 nach.

Folgende Aura-Soma-Öle haben sich bewährt:
- Blau über Blau (B2): die Friedensflasche; dieses Öl hilft Ruhe und Frieden zu finden.
- Blau über Tiefmagenta (B1): Körperrescue; dieses Öl hilft Ruhe, Liebe und Kraft zu finden.
- Lila über Blaßblau (B44): Der Schutzengel; dieses Öl hilft Ruhe, Liebe und Mitgefühl zu finden.

Wenn sich ein kranker Mensch die farbigen Flaschen ansieht, so kann er allein schon innere Ruhe und Entspannung finden. Denn mit dem Auge nehmen wir viel von der Wirkung der Aura-Soma-Substanzen auf.

Ältere Menschen, die dem Ende eines erfüllten Lebens entgegensehen, besitzen durch ihre Lebenserfahrung oft ein sicheres Gefühl für die Ganzheitlichkeit der Welt.

Aura-Soma in Räumen

Schaffen Sie sich eine angenehme und beruhigende Atmosphäre zu Hause.

Die Atmosphäre, die ein Raum ausstrahlt, hat großen Einfluß auf unser Wohlbefinden. Mit dem von Vicky Wall entwickelten »Colourcurium« können Sie die Farbwirkung der Aura-Soma-Öle auch im Raum nutzen. Wenn Sie das Chakra-Set der Aura-Soma-Öle vor eine Lichtquelle stellen, kommen Sie in den Genuß dieses »Colourcurium«, einer Farb- und Lichtwirkung auf Ihre Augen mit Ausgleich auf alle Energiezentren Ihres Körpers. Der Begriff »Colourcurium« ist auf die Worte »colour« (engl.: Farbe) und »curare« (lat.: heilen) zurückzuführen. Dabei werden mehrere Aura-Soma-Flaschen hintereinandergestellt und von hinten mit dem Licht einer Kerze oder einer Lampe beleuchtet. Das Licht, das sich in den farbigen Flaschen bricht, sollten Sie auf sich wirken lassen. Setzen Sie sich entspannt hin, und stellen Sie vier, maximal zwölf Aura-Soma-Öle neben- oder übereinan-

Zum Chakra-Set gehören		
Nr.	Farbe/Name des Öls	Anwendungsbeispiele
B5	Gelb über Rot, Sonnenaufgangs-/ Sonnenuntergangsflasche	Basiszentrum
B26	Orange über Orange, Schockflasche	Sakralzentrum
B4	Gelb über Gold, Sonnenflasche	Solarplexusflasche
B3	Blau über Grün, Herzflasche	Herzzentrum
B2	Blau über Blau, Friedensflasche	Kehlkopfzentrum
B1	Blau über Tiefmagenta, körperliche Erste Hilfe	Scheitelzentrum
B20	Blau über Pink, Kinder-Erste-Hilfe	Scheitelzentrum für Ihr Kind sowie für das »innere Kind«

Vorschläge für Raumflaschen

Nr.	Farbe	Name des Öls	Wirkungen über die Augen
B2	Blau über Blau	Friedensflasche	Verbreitet Ruhe und Frieden (ideal für den Arbeitsplatz)
B3	Blau über Grün	Herzflasche	Hilft, von Herzen kreativ zu kommunizieren
B4	Gelb über Gold	Sonnenflasche	Stärkt die Nerven und Konzentrationsfähigkeit, stärkt den Bauchbereich
B6	Rot über Rot	Energieflasche	Wärmt, aktiviert und energetisiert
B10	Grün über Grün	Geh, umarme einen Baum	Zentriert, beruhigt und entspannt die Augen wie beim Blick über eine große grüne Wiese
B16	Violett über Violett	Das violette Gewand	Sehr entspannend, hilft beim Meditieren
B26	Orange über Orange	Schockflasche	Wärmt und hilft, Schocks zu lösen
B44	Lila über Blaßblau	Der Schutzengel	Verbreitet Ruhe, Entspannung, Liebe und Vertrauen im Raum (ideal im Schlafzimmer)
B81	Pink über Pink	Bedingungslose Liebe	Verbreitet die Energie von bedingungsloser Liebe im Raum

der vor sich auf. Der Abstand vom »Colourcurium« sollte eine Armlänge, höchstens aber zwei Meter betragen. Lassen Sie das Licht in sich eindringen. Eine Sitzung sollte die Dauer von mindestens zehn, maximal 40 Minuten haben.

Auch einzelne Flaschen können als Raumflaschen hilfreich sein. Achten Sie aber immer darauf, daß die Aura-Soma-Öle nie dem Sonnenlicht ausgesetzt sind, da sonst die darin enthaltenen Pflanzenfarben verblassen.

Indem Sie Pomander auf einen Federfächer träufeln und anschließend bei gekipptem oder wenig geöffnetem Fenster in den Raum hineinfächeln, können Sie ebenfalls ganz spezielle Wirkungen erzielen. Sehr hilfreich ist dies zur Vorberei-

Raumwirkung von Pomandern	
Farbe	Wirkungen
Weiß	Stark reinigend
Pink	Entspannend und öffnend für die Arbeit mit Gruppen
Dunkelrot	Stark schützend gegen negative Einflüsse, wärmend und erdend
Rot	Siehe dunkelrot
Orange	Hilft bei der Arbeit mit Süchten und Abhängigkeiten sowie dabei, tiefe Ängste zu überwinden
Gold/Gelb	Unterstützt die Wissensaufnahme, stärkt die Lebensfreude und muntert auf
Oliv/ Smaragdgrün	Zentriert und unterstützt die Atemarbeit jeder Art
Türkis	Fördert den Gefühlsausdruck, die Kreativität und wirkt gegen Lampenfieber
Saphir-/ Königsblau	Schützt bei Meditationen
Violett/ Magenta	Erleichtert es, in tiefen meditativen Zustand zu gelangen

Als Raumflaschen für den Wohnbereich empfehlen sich Blau/Grün (Herzflasche), Orange/Orange (Schock-Flasche) und Blau/Pink (Sternenkind).

tung von Gruppen, Seminaren oder auch zur Reinigung des Raumes nach therapeutischen Gruppen- oder Einzelbehandlungen.

Mit Hilfe dieser Pomander können Sie ebenfalls eine ganz persönliche Raumatmosphäre gestalten, die Sie bei Ihrer jeweiligen Tätigkeit unterstützt. Denn: Verschiedene psychologische Tests haben bewiesen, wie wichtig die auf die Persönlichkeit des Menschen abgestimmten Gerüche im Wohnbereich sind, gerade weil sie eher die Ebene des Unterbewußtseins ansprechen.

Sorgen Sie bei der Ausgestaltung Ihres Wohnbereichs für die ausgewogene Mischung von warmen (Rot- und Gelbtöne) und kalten (Blautöne) Farben. Experimentieren Sie auch mit Ihren Lichtquellen, die den Farben ihre Leuchtkraft bzw. Blässe geben. Unter dem weiß fluoreszierenden Licht von Leuchtröhren beispielsweise erscheinen kühle Farben oft grau, während Grün- und Gelbtöne kräftiger wirken. Fluoreszierende Tageslichtlampen hingegen wirken vorteilhaft auf intensive Blautöne.

Lebt man gegen sein individuelles Farbsystem, kann dies zu Wahrnehmungsstörungen in Form von Realitätsverlust und zu Störungen des psychischen Gleichgewichts führen.

Praktische Hinweise

Wenn Sie mit der Aura-Soma-Arbeit beginnen möchten, so ist es empfehlenswert, sich zuerst beraten zu lassen. Kontaktadressen, die Ihnen weiterhelfen können, finden Sie in der Spalte nebenan. Ich bin Ihnen gerne behilflich, Berateradressen in Ihrer Wohngegend zuzusenden. Dort erhalten Sie Informationen allgemein zu Aura-Soma, zu möglichen Beratungsterminen und zu Adressen, wo Sie Aura-Soma-Öle kaufen können.

Wenn Sie selbst an einer Aura-Soma-Beraterausbildung interessiert sind, fordern Sie bitte die aktuelle Aura-Soma-Lehrerliste an. Mittlerweile werden in vielen deutschen Großstädten Ausbildungsmöglichkeiten angeboten.

Erlernen der Aura-Soma-Körperarbeit

Die Aura-Soma-Körperarbeit entwickelte sich aus meiner Arbeit als Aura-Soma-Beraterin und Krankengymnastin.

In Kombination mit Methoden der Massage, Reflexzonentherapie, Akupressur, Atemtherapie sowie meditativer Techniken ist eine in täglicher Praxis erprobte Körperarbeit entstanden. Diese harmonisiert mit anderen ganzheitlichen Therapieformen.

Sollten Sie sich für das Erlernen der Aura-Soma-Körperarbeit interessieren, so fordern Sie bitte mein aktuelles Kursprogramm an. Anmeldungen für Seminare und Körperarbeit senden Sie bitte schriftlich an meine Adresse:

Anja Senser
Sommerstraße 3B
82234 Weßling
Tel.: 0 81 53 / 95 20 04
Fax: 0 81 53 / 95 20 06

Weitere Kontaktadressen

Aura-Soma Österreich
Hanni Reichlin Meldegg
Silbergasse 45/1
A-1190 Wien
Tel. 01 / 3 68 87 87
Fax 01 / 36 88 78 74

Aura-Soma Schweiz
Chrüter Drogerie Egger
Unterstadt 281
CH-8200 Schaffhausen
ab März 96
Tel. 52 / 6 24 50 30
Fax 52 / 24 64 57

Über die Autorin

Anja Senser arbeitet seit vielen Jahren als selbständige Krankengymnastin. Ihre Arbeitsweise ist ganzheitlich orientiert und umfaßt neben Aura-Soma auch Atemtherapie, Akupressur sowie klassische Körper- und Fußreflexzonenmassage.

Literatur

Breyer, Günther: Chakren-Harmonie. Bohmeier Verlag. Lübeck 1994
Dalichow I./Booth M.: Aura-Soma. Heilung durch Farbe, Pflanzen- und Edelsteinenergie. Droemer Knaur Verlag. München 1995
Dalichow I./Booth M.: Das Aura-Soma Praxisbuch. Goldmann Verlag. München 1995
Ingham, Eunice D.: Geschichten, die die Füße erzählen können. Reflexzonen-Therapie Schritte zur besseren Gesundheit Bd. 1. Drei Eichen Verlag. 5. Auflage. Hammelburg 1989
Lübeck, Walter: Das Aura-Heilbuch. Die Aura lesen und deuten lernen. Energiefelder farbig sehen und zur ganzheitlichen Heilung einsetzen. Windpferd Verlagsgesellschaft. Aitrang 1992
Wall Vicky: Aura-Soma. Das Wunder der Farbheilung und die Geschichte eines Lebens. Editione Sternenprinz. Hans-Jürgen Maurer. Frankfurt 1994

Hinweis

Bildnachweis

Image Bank, München: 5 (Ross M. Horowitz), 61 l. (Frank Whitney), 89 (Steven Burr Williams); Mauritius, Mittenwald: 22 (Phototheque SDP), 29 l. (Adolf Martens), 35 l. (Thonig), 47 l. (Albinger), 67 l.; Claudia Rehm, Stockdorf: 86; Hans Seidenabel, München: 83, 85, 87; Tony Stone, München: 6 (Rex A. Butcher), 78 (Peter Timmermans), 80 (David Muench); Transglobe, Hamburg: 53 (Masa Kono); Michael Zuche, München: Titel, U4, 1, 7, 9, 10, 13, 14, 15, 17, 19, 21, 29 r., 35 r., 41, 47 r., 55, 61 r., 67 r., 82, 88, 93

Impressum
© 1996 Südwest Verlag
GmbH & Co. KG, München
Alle Rechte vorbehalten
2. Auflage 1996

Redaktion:
Andrea-Anna Cavelius,
Stephanie Wenzel
Redaktionsleitung:
Josef K. Pöllath
Bildredaktion:
Bettina Huber
Illustrationen:
Renate Holzner
Produktion:
Manfred Metzger
Umschlag:
Till Eiden
DTP/Satz:
Wolfgang Lehner
Druck:
Color-Offset, München
Bindung:
R. Oldenbourg, München
Printed in Germany

Gedruckt auf chlor- und säurearmem Papier
ISBN 3-517-01761-2

Register